UP Collection

新装版

心理学と教育実践の間で

佐伯 胖／宮崎清孝／
佐藤 学／石黒広昭

東京大学出版会

UP Collection

Rethinking Psychology and Educational Practice
Mutual Dialogue and Cooperation

Yutaka SAYEKI, Kiyotaka MIYAZAKI,
Manabu SATO, and Hiroaki ISHIGURO

University of Tokyo Press, 1998 & 2013
ISBN 978-4-13-006509-2

心理学と教育実践の間で・目次

序　心理学と教育実践の間で――佐伯　胖　1

1章　教師の実践的思考の中の心理学――佐藤　学　9

1　問題設定　9
2　教育実践と心理学の歴史的背景　11
3　理論と実践の三つの関係――「技術的合理性」への批判　22
4　「実践の中の理論」の三つの相　31
5　フィールド・ワークの課題　39
6　アクション・リサーチへ　46

2章　心理学は実践知をいかにして越えるか――宮崎清孝　57
研究が実践の場に入るとき

1　実践知の構造　57
2　心理学が実践に入るために　76
3　視点資源としての科学　85

3章　心理学を実践から遠ざけるもの――個体能力主義の興隆と破綻　石黒広昭　103
1　心理学と教育実践　103
2　個体能力主義　107
3　問題の個人化　113
4　個体能力主義の誤謬　118
5　「問題」の再編成　130
6　伝達から対話へ　143

4章　学習の「転移」から学ぶ――転移の心理学から心理学の転移へ　佐伯　胖　157
1　はじめに　157
2　学習は転移するのか　159
3　「転移」の認知科学的研究　173
4　転移の心理学と心理学の転移　191

5章　コメントとコメントへの返答

コメント1　「実践とは?」という問い――やまだようこ　205
コメント2　研究観を問い直す――科学の知と実践知の統合へ――丸野俊一　212
コメント3　「研究者＝実践者」の視点から――守屋　淳　220
コメント4　教育実践における理論とは何か――浅田　匡　230
コメント5　心理学者は何を反省すべきなのか――佐藤公治　237
コメントへの返答1　教育心理学の脱・心理学――佐藤　学　249
コメントへの返答2　「心理学」の立場に立つことが「教育実践」の立場に立つことである――宮崎清孝　254
コメントへの返答3　「実践」の概念と「教育心理学」――石黒広昭　260
コメントへの返答4　あらためて、心理学と教育実践の間に立つ――佐伯　胖　268
新装版あとがき　「○○とはなんだろうか?」という問いをもつこと――佐伯　胖　277
索引（人名・事項）

序　心理学と教育実践の間で——

佐伯　胖

心理学（特に、教育心理学）が教育実践と乖離しており、それをなんとかして埋めるべきだということは、最近の日本心理学会、日本教育心理学会等のシンポジウムでさかんに取りあげられ、論じられてきている。一九九六年の日本教育心理学会第三八回総会では、準備委員会企画シンポジウムとして「認知心理学は教育実践にいかに貢献しうるか」「学校実践を捉える——実践的研究とは何か」「教育実践への魅力的アプローチのいろいろ」といったテーマが取りあげられた。さらに、一九九七年の日本教育心理学会第三九回総会では、研究委員会企画シンポジウム「実践型の教育心理学をどのように進めるか」のほか、やはり準備委員会企画のリレー・シンポジウムとして、「教育心理学と教科教育との対話」というメインタイトルのもとに、総論、国語科、社会科、生活科・総合学習、理科、算数についてのシンポジウムが連日にわたって開催され、心理学と教育実践の間の対話の道を開こうという熱意が教育心理学会全体でいかに高まってきているかを示している。

実は心理学と教育実践を結びつけようという試みはかなり以前からある。特に、認知心理学は比較的早い時期から、パズルのような「実験室的な課題」での思考過程の研究から脱し、実際に学校教育で生徒に与えられる課題の思考過程に焦点を当てた研究に挑戦してきた（Anderson et al., 1977 ; Klahr, 1976）。わが国でも、波多野（一九八〇）は今日のわが国の学校教育の抱えている最も基本的な問題を、「既成の知識を伝達するうえでの効率第一主義と、そのための管理の強化によって、子どもの意欲が低下してきたこと」（p. i）とし、また、これを改善するために、他の三名の認知心理学者とともに「自己学習能力の育成」に焦点を当てて論じている。これに当たって、波多野は「今日の認知心理学は、自己学習能力を育成する必要性ばかりでなく、そのやや具体的な方策についても示唆してくれる」（p. iii）と述べている。鈴木ら（一九八九）は、作文過程、算数・数学の理解、自然科学の理解、および文章理解に関する近年の認知心理学研究をもとに、学校教育での「教科」の理解に関する心理学からの示唆をまとめている。最近では、「若き認知心理学者の会」による著書『認知心理学者　教育を語る』でも、認知心理学がいかに現場の教育実践での問題に応えようとしているか示そうとしている（若き認知心理学者の会、一九九三）。市川（一九九三）は、「学校の勉強がわからなくて困っている」という児童・生徒に、個別に相談・指導するという実践を「認知カウンセリング」と呼び、認知心理学者を中心としたグループの認知カウンセリングの実践の成果を報告している。これらの一連の認知心理学者たちの「教育実践」への接近は、基本的には、「今日の認知心理学は実際に学校で教えられている課題を研究してきており、そこで得られた知見は、実際の教育実践で活かせるはずだ」という確信に基づいている。

一方、このような心理学者たちのやや「楽観的」ともいえる研究方向に対して、むしろ、これまでの実験室的な場面での心理学研究そのものへの疑問も、近年、深まってきている。ナイサーの『観察された記憶』のような生態心理学的アプローチ（Neisser, 1982）、レイヴとウェンガーの『状況に埋め込まれた学習』（Lave & Wenger, 1991）のような、人類学的研究をベースにした学習論の提唱などなど、現実世界での人々の生の営みを直接観察して、ときにはそこに参加しつつ研究することの重要性が認識されはじめてきた。そのような動きから、やまだは「現場《フィールド》心理学」という心理学のジャンルを提唱している（やまだ、一九九七）。

本書は右のような近年の「心理学と教育実践の間を埋めよう」とする試みを否定するものではないが、これらとはかなり趣を異にする。それは、心理学と教育実践の間を「埋めよう」とする以前に、そもそも心理学研究の営みは教育実践とどういう関わりを持ってきたのかという点についての反省、また、教育実践という実践を「研究する」ということはそもそも可能なのかについての根源的な問いから出発しようという点である。このような批判的な問い直しの観点が、これまでの研究（特にわが国での研究）には欠落していたのではないか、というのが筆者らの共通の認識である。本書の構成は以下の通りである。

第1章「教師の実践的思考の中の心理学」で佐藤は、心理学が教育実践から乖離しているとする認識は、それ自体教育実践と理論との関係を表層的にしか理解していないことを露呈しているという。

教師の実践的思考について実際に調査・研究してきた経験から言えば、「心理学は、教育実践から遊離して存在し教室の外で機能しているどころか、教育実践を構想し実践し批評する教師の言語や信念、あるいは、カリキュラムや教育のプログラムの中で強力に作用しており、教師実践と教育研究の言語とレトリックを無意識のうちに呪縛していた」という。そして、理論と実践との関係について、理論を実践に適用するものとする立場（theory into practice）、実践を典型化して理論を作る立場（theory through practice）、および、実践家が内面化し、実践において内在的に機能している理論を外化する立場（theory in practice）の三種類をあげる。その上で、心理学では第一の theory into practice が支配的であり、多くの教育学者の授業研究に見られる「すぐれた授業の典型化」は第二の theory through practice であるという。最近の状況的認知論に見られるような、理論を実践での思考と活動の枠組みとする見方は theory in practice と見ることができる。このような考察を踏まえ、佐藤は第四のアプローチとして、「アクション・リサーチ」を提唱する。すなわち、実際に現場での省察と関係の編み直しに参加し、そこでの場をデザインしていく立場である。

第2章「心理学は実践知をいかにして越えるか――研究が実践の場に入るとき」で宮崎は、まず実践者が実践の経験を通して獲得する知（実践知）というものがどういうものかについて考察し、それが科学的研究によって積み上げられていく科学の知とどこが本質的に異なるかを明らかにする。その際、実践知が当事者にとって暗黙であるという多くの論者の性格づけが単純に過ぎることが強調される。その上で、科学としての心理学が教育実践に提供しうるものが何であるか（逆に実践の場に入ることで心理学は何を学べるのか）を考察する。最後に、研究者が実践に「入る」というときの「入り方」（モード）には二つあるという。実践を研究の対象として見ようとするモードと、実践の中に入り込み、そこに浸り、実践知そのものの現場に身を置くという入り方である。研究者はその二つのモードの間を行ったり来たりすることを通し、実践を「研究者の根底を揺さぶる場」とし、そこでの葛藤を引き受けること、それこそがそれ自体実践としての科学研究に生きるということなのだとしている。

第3章「心理学を実践から遠ざけるもの――個体能力主義の興隆と破綻」で石黒は、心理学が教育実践にその理論を伝え利用されるものだという認識が心理学自体の中だけでなく、実践の中で自明視されていることを指摘し、それが一体どのような理由からかについて考察している。石黒はそこで、心理学にも教育実践にも共通するものとして「個体能力主義」を指摘し、そこから教育実践上の「問題」を個人に帰属させて対処しようとする解決法を擁護し権威づけるために個体能力主義的心理学が利用されるのだという。このような見方から脱皮するために、人間の行為を常に道具や記号で媒介されたものとする見方、常に関係の中で捉える関係論的見方、さらに問題を物語として「外在化」させ、それを多様な視点から読みかえる作業を共同的に行う、などを提案している。また石黒は実践の記述に当たって、「科学的モード」と「物語的モード」の区別、実践の構造、関係、システムを解明する状況論的アプローチの重要性などを指摘し、実践者と研究者が互いに相手を良きパートナーとみなして相互にコミュニケーションを深めていく記述のモードの必要性を訴える。

ここまでの章では、「心理学と教育実践の間」で作り出されてきた様々なズレ、行き違い、さらにはねじれが指摘されてきたが、それでは心理学者はどうすればよいのかは示されてこなかった。心理学者は実験室での研究すべてを棄てて現場《フィールド》に出ればよいのかというと、そういうわけでもないだろう。そこで第4章「学習の『転移』から学ぶ——転移の心理学から心理学の転移へ」で佐伯は次のような心理学研究の方向を示している。すなわち、過去の実験心理学的研究における実験事実を「そこで起こったこと」としてていねいに見ていくと、「実験室的な考え方」に縛られたこれまでの心理学が、実は内部破綻を起こしていることを見届けることができるという。そのことを「転移」をめぐる過去の実験的研究を例にして明らかにし、「転移」の研究は、実は心理学がこれまでの心理学を脱皮し、実践と関係づけられた新しい心理学へと変容すること（心理学の「転移」）の必要性を、心理学研究の「内側から」訴えているものであることを明らかにする。

以上の、佐藤、宮崎、石黒、佐伯の論文に対し、第5章では、第一線で活躍している様々な心理学研究者からのコメントをいただき、それらへの執筆者からの返答をのせておいた。

文献

Anderson, R. C., Spiro, R. J., & Montague, W. E. (Eds.) 1977 *Schooling and the acquisition of knowledge*. Lawrence Erlbaum Associates.

波多野誼余夫（編） 一九八〇 『自己学習能力を育てる——学校の新しい役割』（ＵＰ選書）、東京大学出版会。

市川伸一（編）　一九九三　『学習を支える認知カウンセリング——心理学と教育の新しい接点』 ブレーン出版。
Klahr, D. (Ed.) 1976 *Cognition and instruction.* Lawrence Erlbaum Associates.
Lave, J., & Wenger, E. 1991 *Situated learning : Legitimate peripheral participation.* Cambridge University Press.
佐伯胖（訳）　一九九三　『状況に埋め込まれた学習——正統的周辺参加』 産業図書。
Neisser, U. (Ed.) 1982 *Memory observed : Remembering in natural contexts.* W. H. Freeman. 富田達彦（訳）　一九八八—八九　『観察された記憶——自然文脈での想起』 上・下、誠信書房。
鈴木宏昭・鈴木高士・村山功・杉本卓　一九八九　『教科理解の認知心理学』 新曜社。
若き認知心理学者の会　一九九三　『認知心理学者　教育を語る』 北大路書房。
やまだようこ（編）　一九九七　『現場《フィールド》心理学の発想』 新曜社。

1章　教師の実践的思考の中の心理学

佐藤　学

1　問題設定

教育心理学者と教師との間には、大きなギャップが認められる。通常、教育心理学者たちは、教師たちが心理学の理論に十分な関心を向けていないと嘆き、心理学の研究が教育実践に役立つためにはどうすればいいのかについて、ことあるたびに議論している。他方、教師たちは、教育心理学者たちが教育実践の複雑さを十分理解していないと嘆き、教育実践に役立つ心理学がどこかに存在しないかと探索しては、思い通りの心理学が見いだせないことに絶望を深めている。このギャップが奇妙なのは、教育心理学者も教師もともに「教育実践に役立つ心理学」を渇望し、まさにそのことによってすれ違い、相互の溝を深めている点にある。

しかし、そうなのだろうか。心理学の理論は教師の実践とは無縁の場所で機能しているのだろうか。

教師の実践に「役に立つ（useful）」心理学と言われるとき、そこでは、どのような〈心理学〉が想定され、どのような〈理論〉と〈実践〉の関係が想定されているのだろうか。そもそも、教育実践と心理学とを分離し交渉し合わないものとして認識する教育心理学者と教師の意識それ自体が、教育実践と心理学との関係を表層的にしか理解していない状況を示しているのではないだろうか。

数多くの教室で授業を観察し、教師の思考と活動について研究してきた経験から言えば、心理学は、教師の実践から遊離して存在し教室の外で機能しているどころか、教育実践を構想し遂行し批評する教師の言語や信念、あるいは、カリキュラムや教育のプログラムの中で強力に作用しており、教育実践と教育研究における言語とレトリックを無意識のうちに呪縛してきた問題のほうが深刻である。例えば、「学習」「発達」「学力」「能力」「人格」「自我」「態度」「興味」「意欲」「活動」「動機づけ」「転移」「評価」など、教育実践の構成と実践と評価に関わる言語の大半が心理学の言説をまとって登場し、教師の思考と活動を統制し、授業と学びの様式や教育内容のプログラムやその制度を規定している。心理学の理論が教育実践の外から持ち込まれる前に教師の思考や活動の内部に埋め込まれているとするならば、教育実践と心理学の関係に関する探究は、「役に立つ理論（useful theory）」を追い求める前に、まず「実際に活用されている理論（theory in use）」の性格と機能を検討すべきではないだろうか。

教師を内側から呪縛している理論に関して、例えば、ハーヴァード大学の教育心理学者エレン・ランガーは、教室に浸透している学習心理学の「七つの神話」を以下のように提示して批判的に検討している（Langer, 1997）。「①基礎能力は『第二の自然的能力』になるよう十分に学習されなければならない」「②注意をはらうということは一時に一つのことに集中することである」「③満足感を遅らせることが肝要である」「④教育には暗記が必要である」「⑤忘れることは問題である」「⑥知性とは『現実の外にある真実』を知ることである」「⑦物事には正解と誤答とがある」。ランガーは、この七つの「神話」が「思慮深い学び（mindful learning）」を妨げてきた元凶だと言うのである。

ランガーが検証した「七つの神話」にとどまらず、教師の思考と活動には、無数の心理学の命題が埋め込まれている。この事実を認めるならば、教育実践の創造に参加する教育心理学者の役割は、これまでの心理学の「神話」に新しい「神話」を書き加えることにとどまることはできないだろう。教育心理学者の役割は、心理学の命題を「脱神話化」する作業を通して教師たちを心理学の呪縛から解放することにあり、教育実践を創造する教師との新しい連帯を基盤として心理学研究それ自体の脱構築を推進することにある。しかし、その道は、どこからどのようにして開拓されるのだろうか。

2　教育実践と心理学の歴史的背景

教授学の成立

教育心理学と教育実践の間には、近代の教授学における理論と実践の特有の関係が埋め込まれている。私たちが「一斉授業」と呼んでいる授業の様式は、一九世紀半ばにヘルバルト主義の教授理論によって制度化されているが、その理論的基礎を提供したのがヘルバルトの連合心理学であった。連合心理学は、意識を身体の活動と切り離し、目的的な志向性も排除して、意識の発達を知覚の要素の結合において科学的に説明する心理学であった。ヘルバルトは、概念が形成される意識の過程を「専心」(対象に興味を傾注すること)と「致思」(興味を思考で吟味すること)に区分し、さらに「専心」と「致思」をそれぞれ二つに区分して、「明瞭」「連合」「系統」「方法」の四段階で学習過程を構成する「形式的段階(formale Stufen)」の理論を提示している。この「形式的段階」の理論は、ヘルバルト主義のチラーによって「分析」「総合」「連合」「系統」「方法」の五段階へ、さらにラインによって「予備」「提示」「比較」「総括」「応用」の五段階へと発展させられている。このチラーからラインへの移行において、「形式的段階」は学習の心理過程を示すものから教授の手続き段階を示すものへと変貌している点に留意したい。ヘルバルトからチラー、ラインへと至る「科学的心理学」を基礎として、近代学校の授業の定型(稲垣、一九六六)、すなわち所定の知識の伝達を一定の手続きで構成する「一斉授業」の様式が現実化したのである。

ヘルバルト主義の教授理論は「心理学」とともに「倫理学」を基礎として成立していた。各教科の学びが「人格(品性)の陶冶」という倫理目的に統合される「教育的教授」の理論である。この「教育的教授」の理論は「国民の創出」を使命とする近代学校の制度化の目的に応えるものであった。こうして「形式的段階」による一斉授業の定型化と「教育的教授」による国民教育の道徳的な規範化を達成したヘルバルト主義の心理学と教育学の言説によって、一九世紀後半、わが国を含む先進諸国は、近代学校の制度化を公教育制度として達成したのである。

ヘルバルトの心理学と倫理学を基礎とする教育学において、今日まで連なるいくつかの問題を指摘することができる。ヘルバルトは、ペスタロッチが開設していたシュタンツの学校を訪問し、「直観」から「概念」へと導くペスタロッチの教授活動に深い感銘を受けている。そして、この「直観」から「概念」へと導く過程を心理学と倫理学で体系的に基礎づけて講義したのが『一般的教育学』（一八〇六年）であり、カントの後任としてケーニスベルク大学で哲学と教育学を講じたヘルバルトは大学で「教育学」を講述した最初の教育学者となった。

しかし、ペスタロッチの言説とヘルバルトの言説との間には根本的な転換が見られる。まず第一に「子ども」が「心理」一般へと置き換えられた問題がある。ペスタロッチの著作は教育実践の記録と批評であり、固有名の子どもと固有名の教師が登場する物語の様式で記述されていた。それに対して、ヘルバルトの『一般的教育学』には、教師も子どもも固有名では登場せず、教育活動と学びの過程は一般化された心理学の用語に回収されている。ペスタロッチの実践を根幹で支えていた家父長制をモデルとする教師と子どもの「愛」の関係も、ヘルバルトにおいては一般化された倫理学の用語に回収されている。この学習心理と教育目的の科学的説明によって、子どもの学びを教師が合理的技術的に統制する「科学的教育学（教授学）」が誕生し、この「科学的教育学」によって各国の国民教育の制度化が推進されたのである。

行動主義心理学

一九世紀の連合心理学が国民教育を基礎づけたとすれば、二〇世紀の行動主義の心理学は産業主義のイデオロギーで学校教育を再編し、教育過程の効率化と科学化を基礎づけるものとなった。この運動の最大の推進力になったのは、ワトソンによって理論化されソーンダイクによって学習と測定の技術へと発展した行動主義の学習理論であった。パヴロフの条件反射の実験に心理過程を科学的に説明し技術的に統制する可能性を洞察したワトソンは、一九一〇年代に行動主義の宣言を行い、動物実験を通して証明される「刺激」と「反応」の因果関係の法則的認識によって人間の学習過程を合理的に統制する心理学を構想している。ワトソンは、「人間の身体は神秘の宝庫ではなく、常識的なタイプの有機的機械の一種」であり、刺激環境を科学的に準備すればあらゆる人間を「天才」に教育できると本気で信じ込んでいた。この教育万能主義の考え方は、学びの心理過程を機械的・工学的に構成し統制する学習研究の出発点となった。ソーンダイク、スキナー、ブルームへと至る行動主義の心理学は、ワトソンによって工学化された心理学理論を基盤としている。

ワトソンの創始した行動主義心理学は、大工場のアセンブリライン（流れ作業）を可能にしたテーラーの「科学的経営の原理」と思想的に一致し理論的にも同型の構造を示していた。テーラーは、作業時間と作業活動との相関を「時間活動研究」において確立した最初の経営学者であった。テーラーによって、労働者は生産機械のシステムの一部となり、生産性と効率性を科学的に研究され管理される数字と単位で表現される存在となったが、同様に、行動主義の心理学によって、子どもと教師は

「教育機械」の一部となり、生産性と効率性を調査され管理される数字と単位で表示される対象になったのである。テーラーは「物の大量生産」を可能にする科学的統制と工学的実践を追求し、ワトソンを出発点とする行動主義の心理学者は「心の大量生産」を可能にする科学的統制と工学的実践を探究したのである。テーラーが職人において質的に異なる全体的な労働を、作業課題に即して段階的に細かく分割し、一方向的に組織された均質な労働時間の単位に分割してアセンブリラインを構成したように、行動主義の心理学者たちは、子どもの質的に異なる学習経験を、学習課題に即して段階的に細かく分割し、一方向的に組織された均質な学習時間の単位に分割して教育プログラムを開発している。先のヘルバルト主義の心理学が「国民」を創出する学校を実現したとすれば、行動主義の心理学は「効率化」と「標準化」を志向する教育実践のプログラムとシステムを開発したのである。

以後、今日に至るまで、多種多様な心理学の理論が教師の思考と教育実践の過程を構成してきた。フロイトの自我発達の理論、ユングの文化の個性化の理論、ピアジェの認知発達やヴィゴツキーの精神発達の理論、エリクソンのアイデンティティの理論、コールバーグの道徳発達の理論、オーズベルやゲージの学習理論、ギブソンの生態学的認識論、コールやワーチの文化的実践の理論など、様々な心理学が教師の言語と活動に浸透し、教育実践を構成してきた。しかし、授業と学びの過程に最も影響を及ぼしたのは、数量的研究を基礎とする行動主義の心理学であった。その問題点は次の五点で示すことができる。

心理学主義

まず第一の問題は、授業と学びの心理的過程が社会的過程や倫理的過程から独立したものとして認識され、教育の研究と実践に心理学主義をもたらしたことである。今世紀初頭、デューイは、子どもの思考過程を研究する心理学研究と子どものコミュニケーション過程を研究する社会学研究と子どもの倫理的発達を研究する哲学研究とは同じ対象を研究しており、教育研究においては密接不可分であることを強調していた（Dewey, 1904）。当時、デューイは哲学者であり心理学者であり社会学者であり教育学者であったし、シカゴ大学の実験学校に協力していたミードも、哲学者であり社会学者であり心理学者であり教育学者であった。しかし、行動主義の心理学の発展は教育研究の学際性と総合性を解体し、教育の心理学を社会学や哲学から分離するとともに、教育心理学の内部においても研究の細分化をもたらしてきた。

心理学と社会学の連携については、その後一九三〇年代に入って、フランスの社会学者であり先駆的な人類学者であったマルセル・モースが、フランス心理学会における招待講演において「身体技法」を文化の表現として、「個人意識」を研究する心理学と「集合意識」を研究する社会学が共通して探究する具体的な対象に設定することを主張している。しかし、心理学者が社会学や哲学との境界を越えることは稀であった。

技術的合理主義

第二の問題は、科学（science）と技法（art）が混同され、教育実践の全領域が科学的な技術（technology）で合理的に統制できるという「神話」が形成されたことである。この「神話」は、すでに前世紀の末に心理学者ジェームズによって批判されていた。ジェームズは教師を対象とする連続講演において、ヴントの実験心理学とヘルバルト主義の連合心理学の導入に関して言及し、これらの「科学的心理学」の教育への導入における「分析的技術性」と「具体的な実践への応用」を求める教師や心理学者を厳しく批判している。ジェームズは、教師が「科学的心理学」に「分析的な技術性」や「具体的な実践への応用」を求めるのは過ちであり、「科学（science）」である「心理学」と「技法（art）」である「教育」を混同してはならないと言う。そのうえで、「技法」としての教育を担う教師に必要な心理学的教養は「修養（fermentation）」の心理学であり「内省（inward reflectiveness）」の心理学であって、その意味ではヘルバルトやヴント以来の「科学的心理学」よりもむしろ「ロックの時代の心理学」から教師は学ぶべきであると述べている（James, 1899）。

ジェームズの指摘は、科学的心理学と教育実践との安易な結びつき、特に「科学的技術の合理的適用（technical rationality＝技術的合理性）」において教育実践を定位する傾向を批判した最初のものとして注目される。しかし、この卓越した指摘にもかかわらず、今世紀を通して心理学と教育実践との支配的な関係は、ワトソンにおいて典型的に表現されたように「科学的技術」で教育実践を合理的に統制する欲望のもとに進展した。教育実践は、技法（art, artistry）の性格を剝奪され、科学的原理で統制される技術的実践（technical practice）として位置づけられたのである。

理論と実践の言語

第三の問題は、理論の言語と実践の言語の分裂である。教育心理学者と教師の言語における断絶は、両者の壁の克服を求めた教育実践の「科学的研究」の発展と並行して進行した。一九一〇年代末から一九二〇年代にかけて「教育科学運動」を指導したシカゴ大学のジャッドはその典型だろう。ジャッドは「教科の心理学」を開拓する一方で、六・三・三制を掲げた学校改革運動も指導した教育心理学者として著名である。しかし、ジャッドの「教育の科学的研究」とは、デューイの教育研究とは異なり、大学の実験室における研究を意味しており、現実の教育実践を対象とする場合も、教室は心理学的な調査を実施する場所であり、教師は調査の協力者であり情報の提供者に過ぎなかった。

大学の実験室における「科学的研究」とそこで開発されたプログラムを実験し適用する教室の「教育実践」という理論と実践の関係は、一九六〇年代のカリキュラム改革においても顕著であった。行動科学の全盛期であり、多数のプログラムが大学の研究室で開発されて学校へと普及した。〈研究・開発・普及〉モデル（RDDモデル＝research-development-difusion model）のカリキュラム開発である。しかし、このカリキュラム改革において開発された教科書やプログラムの多くは、職員室までは届いたが教室には届かなかったと言われる。「ティーチャー・プルーフ（耐教師性＝どんな教師にも利用可能な）カリキュラム」というコンセプトにおいては、教師を創造的主体としてではなく、大学で開発されたプログラムを教室に普及するシステムの末端の「導管」としてしか認識していなかったのである。

カリキュラム改革の失敗について、シカゴ大学の生物学者であり教育学者でもあるシュワブは、教師の実践である「カリキュラム領域」が「瀕死」の状況を迎えたと述べ、行動科学者の「理論的言語」の浸透によって教師の「実践的言語」が衰退した状況を指摘している（Schwab, 1969）。シュワブはカリキュラム改革の代表的な生物学教科書（BSCS）の指導的な開発者であった。同じく、科学教科書の開発者でありスタンフォード大学の行動科学研究センターの開発者であったアトキンも、シュワブと同様の反省と批判を「教育の科学的研究」に向けている。アトキンは、教師の「実践的言語」は「技法（art）」を基礎として成立しており、美学的な選択や判断が依拠している「プロネーシス（叡智）」として語られる言語であると言う。これらシュワブやアトキンの指摘は、一九八〇年代以降、これまでの教育心理学の科学的研究とは性格を異にする実践的研究への隘路を開拓するものとなった。

実践からの遊離

第四の問題は、教育心理学の科学的研究は、教育実践からの遊離である。教育心理学の科学的研究は、教育実践それ自体から乖離する方向で発展してきた。そのことを端的に示すのが、アメリカ教育学会の最大の部会である「学習と授業」部会が一〇年ごとに刊行している『授業研究ハンドブック（*Handbook of Research on Teaching*）』である。現在まで第三版（一九八六年）までが刊行されているが、その第二版までの参考文献の中に教師が叙述した記録は一篇も登場しない。何千もの参考文献と参考資料が記載されているにもかかわらず、教師の実践記録は一篇も存在しないのである。さらに、第二版までに引用された教育研究の九割以上が、数量的方法による研究論文であった。教師の実践記録はやっと第三版になって参考文献として登場するが、この第三版は、認知科学と文化人類学を導入することによって行動主義からの脱皮がはかられた巻であり、教師の認知や思考の研究が新しい領域として設定された巻である。しかし、この第三版でさえ、参考文献として引用された教師の記録は、シカゴ大学実験学校の幼稚園教師ヴィヴィアン・ペイリーの著名な実践記録に限定されている（第四版は、本年（一九九八年）に刊行される予定だが、この傾向は大差ないものと思われる）。

基礎と応用

第五の問題は、理論（研究）と応用（実践）の二段階に区分し階層化したことである。教育心理学研究の専門化と科学化は、大学における「理論（研究）」と教室における「応用（実践）」を段階的に二分し階層化するものとなった。その一方向的で権威的な関係は、教育研究と教育実践の関係に深く浸透している。イネルダーとともに晩年のピアジェのもとで学んだハーヴァード大学の教育心理学者エレノア・ダックワースが記した次のエピソードは、その弊害を端的に示すものと言えよう。

ダックワースがボストン郊外で算数の学力の診断と補習教育の実践を推進していたときのことである。担任教師によって「知能程度は測定不能」と記された一人の黒人の少年が、発達診断を受けるために彼女のオフィスに送られてきた。ダックワースは、この少年を前にして「量の保存」の認識の発達を診断するために、長さの違う棒を手渡して「大きい順に並べて」とか「小さい順に並べて」とかの指示を与えようとしたところ、この少年は、その指示を聞く前に棒の束を手にして「僕、いいこと考えた（I have a wonderful idea.）」と言って、山形に並べたり菱形をつくったり、自由に変形を楽しんだというのである。この男の子の知能が「測定不能」なのは、この子の「想像力」が教師の約束事の枠を超えているからであった。

この体験を契機として、ダックワースは、自らが学んだピアジェの発達段階の理論と教育実践の関係について反省を深めている。ピアジェの発達段階の理論を子どもの現実に適用していた彼女の方法論が根本から間違っていたというのである。ピアジェに学んだものを現実の実践において生かすとすれば、ピアジェの理論を実践に適用するのではなく、ピアジェが研究したまなざしで子どもの発達を研究することに求められるべきであった、と彼女は反省している（Duckworth, 1987）。ピアジェの構造主義を直接学んだダックワースでさえも、理論と実践の関係は構造主義において認識されていなかったのである。このエピソードは、理論（研究）と実践（応用）という二段階に階層化された区分が、近代の教育研究と教育実践の関係の中にいかに深く浸透しているかを物語っている。

3　理論と実践の三つの関係――「技術的合理性」への批判

教育心理学の理論的研究と教育実践の実践的研究との関係は、どのように再構築されるべきなのだろうか。

教育の理論と実践との関係については、次の三つに大別して認識することができる。第一は、教育実践を科学的な原理や技術の適用として認識する立場（theory into practice の立場）であり、近代の「技術的合理性（technical rationality）」あるいはスティーヴン・トゥールミンの指摘する「道具的合理性（instrumental rationality）」のイデオロギーが、この「科学的技術の合理的適用」による理論と実践の関係を構成している。第二は、多くの教育学者の授業研究に浸透している立場であり、「実践の典型化による理論の構築（theory through practice）」を追求する立場である。この立場では「すぐれた授業」には一定の原理と法則が埋め込まれていると想定し、その原理と法則を授業実践の「典型化」の作業を通して抽出することが求められる。第三の立場は、教育実践を教師が内化している理論を外化したものとみなし、教育実践を創造する教師と子どもの活動において内在的に機能している理論（theory in pracitce）を研究対象とする立場である。この第三の立場においては、理論と実践とは別々の領域ではなく、あらゆる実践が「理論的実践」として対象化されることになる。以下、この三つの立場を比較しながら再検討し、教育理論と教育実践との関係について、さらに考察することとしよう。

技術的合理性

まず第一の教育実践を「科学的技術の合理的適用」の原理に基づく技術的実践として認識する立場は、三つの立場の中で最も近代主義的であり、教育心理学の研究と教育実践との関連における支配的様式として機能し続けてきた。教育実践と教育心理学の関係を規定してきただけではない。科学を「基礎」と「応用」、あるいは「親学問」と「子学問」に分け、その末端に「実践」あるいは「実習」を位置づける学問のハイアラーキーは、この「技術的合理性」の原理を基礎としているし、最初に「基礎」次に「応用」そして最後に「実習」で完結する専門家教育のプログラムも、この「技術的合理性」の原理を基礎としている。「科学的技術の合理的適用＝実践」という理論と実践との関係は、学問と実践との階層的な関係とその制度を基盤として成立している。

ところで、よりミクロな視点で検討すれば、この立場は、活動における思考の優位性、実践における理論の優位性の主張において表現されている。

活動における思考の優位性、実践における理論の優位性の主張としてよく引用される一節に、ギリシャ哲学と政治哲学の研究者であるハンナ・アレントの「ストッピング・ルール」がある。アレントは、活動を意識化し反省的に思考する方法を「立ち止まって考えること（stop and think）」と定式化して提起している。アレントはハイデガーのもとで学んだ哲学者であり、ナチズムの迫害にさらされてアメリカに亡命したユダヤ人である。全体主義への批判が、この「ストッピング・ルール」にも投影されていると言えよう。活動の直中から一度身を引き離して、活動を外から対象化して反省し熟考することの重要性を彼女の「ストッピング・ルール」は示唆している（Arendt, 1978)。思考は活動を先導し統制すべきなのである。

しかし同時に、この「ストッピング・ルール」は、「理論」の成り立ちとその限界を浮き上がらせてはいないだろうか。アレントも指摘しているように「理論（theory)」という概念は、古代ギリシャにおいて「観照（theoria)」を意味し、「観察者（theatei = inspector)」の見方を示していた。アレントは、思考は活動の「外」に立つと述べているが、まさに「外」に立つ「思考」こそが「理論」の本質である。活動における思考の優位性、実践に対する理論の優位性の主張は、活動を「停止」し状況の「外」に立って「見る」という「理論＝観照（テオリア)」の優位性を前提としていると言ってもよいだろう。さらに言えば、この「理論＝観照」という知的行為が「学智（エピステーメ)」を生みだし、眺めることを語源とする近代の「科学（science)」を成立させたのである。しかし、そこに「理論」の抱え込むアポリア（難問）も同時に表現されていたと言えよう。一体、活動の「外」とはどこなのか、「外」に立つ「理論」の主体は誰なのか、という難問である。

アレントの「ストッピング・ルール」に対して、「技術的合理性」を批判し「反省的思考」を主張するドナルド・ショーンは、「ホームレス」の論理であると批判している。活動の「外」が特定されず、その「外」で思考する主体が特定されない「ストッピング・ルール」は、「ホームレス」の思考でしかないと批判しているのである。

教育実践と教育心理学との関連でこの問題を考察すると、教育実践の「外」に教育心理学を位置づけ、この「外」の思考を教育心理学者の共同体として位置づければ、確かにアレントの指摘する「ストッピング・ルール」は成立しうるだろう。しかし、この論理に立つ限り、教育心理学者が教育実践の「内」に立つことはありえない。「理論＝観照」は、実践的状況の「外」に立ってこそ、その本領を発揮するからである。この論理に立つと、逆に、教育実践に携わる教師が「理論」を構成することもありえない。実践の内側を生きる教師は、「外」に立って純粋に思考することなど、なしえないからである。教師に可能なのは「理論」の創造や構成ではなく応用と適用であり、教師は「実践(practice)」よりも「実施(implementation)」に関与するのである。

実践の典型化

第一の「理論の実践化(theory into practice)」を志向する立場に対して、第二の「実践の典型化としての理論(thoery through practice)」を追求する立場は、より教育実践者の創造性や主体性を尊重した教育実践と教育心理学の関係を模索してきた。しかし、その追求は実りある成果をもたらしただろうか。

「実践の典型化による理論」は、教育心理学の研究者よりもむしろ教育学の研究者によって追求されてきた。「すぐれた授業の典型化(一般化)」の研究である。このアプローチは、「すぐれた授業」

あるいは「実践の典型化」という表現に見られるように、実証主義の価値中立的な科学に対する批判を含んでおり、規範的な接近を明言して特定の価値の実現を標榜する技術の一般化を追求している点が特徴的である。「すぐれた授業の典型化」によって抽出される「技術」は、システム的な技術や工学的な技術よりも、むしろ「錬金術的な技術」であり、いわば「技術知（テクネ）」として認識されている。すなわち、「科学」と「実践」の中間に位置する「技術知（テクネ）」が求められたのである。「実践の典型化」あるいは「実践の理論化」という方略は、確かに、教師の研究の一つの様式を表現している。教師たちは自他の経験を典型化し一般化することを通して、自らの実践を基礎づける言語と論理を構成している。そして、この言語と論理は「すぐれた実践」の技法を一人の名人芸ではなく誰もが共有しうる技術として一般化し、授業を改革する運動へと導くものとなる。事実、「実践の典型化による理論」の構築は、教育の実践を運動として組織する方略として発展してきたのである。

このスタイルに対して次の三つの批判を述べておこう。第一は、特定の教育価値が万人に共有されているときには、このスタイルは有効であるが、「すぐれた授業（実践）」と言われる教育の価値が多様になり多元的になったときには、有効性が疑わしいことである。このスタイルは、何が「すぐれた授業」なのかを批判的・反省的に検討するまなざしを排除しているし、一般化された原理や技術の妥当性を吟味する内在的な論理を持ち合わせていない。

第二は、このスタイルが、現実の実践の普及においては、結局のところ、「理論の実践化（theory into practice)」の関係を生み出してしまう点である。例えば、「すぐれた授業の典型化」によって授業理論の一般化を追求した代表人物は斎藤喜博であったが、斎藤の教授学は、第一のスタイルで一般化され正統化された原理や技術やプログラムと同等、もしくはそれ以上の統制力を教師たちの実践に及ぼしている。

第三は、特定の「すぐれた実践」を特権化し、教師の実践の多様性（variety）と特異性（singularity）を剝奪する点である。この点も、皮肉なことに、第一のスタイルと同様である。この「すぐれた実践」の特権化は、さらに、教育実践の日常性に対する感覚も麻痺させる結果をもたらしている。教育実践は、一〇〇万を越える教師が五〇万を越える教室で日々絶えることなく持続している日常的な行為である。しかし、「教育実践の典型化」を求める研究者は、この日常性に関心を注ぐのではなく、その先端部分の実践を焦点として特定の基準のもとに教育技術の一般化をはかる傾向がある。さらに、「実践の典型化」を追求する研究は、教育実践の改善を「運動」として組織する方略を前提としている。そして「運動」は、一つ一つの実践の差異を尊重し多様化する方向ではなく、多様な教育実践の中に共通性を見出し、教師の仕事を画一化する傾向を持っている。これらは、いずれも「実践の典型化」という方略が、特定の規範を基礎として一般的で普遍的な理論を志向してきたことに由来していると言ってよいだろう。

実践の中の理論

第一の「理論の実践化（theory into practice）」、第二の「実践の典型化（theory through practice）」

に対して、第三のスタイルを教育理論の教育実践に対する関係において提起することができる。「実践の中の理論（theory in practice）」の研究である。この立場の特徴は、教師や子どもが内面化している「理論」の所産として教育の実践を認識するところにある。この立場においては、あらゆる活動は活動主体に内面化された理論の遂行であり、あらゆる実践は理論的実践である。したがって、この立場の研究者は「活動科学（action science）」を志向しており、「実践的認識論（practical epistemology）」の構築を追求している。

「実践の中の理論」を対象とする研究において、「理論」それ自体の概念が再定義されていることに留意したい。すでに第一のスタイルの説明において述べたように、「理論（theory）」は「観照（thoria）」を原義としており、もともと「外」からのまなざしを意味していた。その語義にしたがえば、「実践の中の理論」という表現は、それ自体が矛盾した表現と言わなければならない。少なくとも旧来の「理論」とは異なった概念として理解すべきだろう。第三の立場における理論とは、活動に内在して機能している理論であり、実践の内側で機能している理論なのである。

デューイ主義の哲学者であるドナルド・ショーンは、この実践的認識論の立場を「活動科学」と名づけ、活動過程に即して「理論の活用（theory in use）」の様態を研究する必要を提示している。実践的認識論の立場において実践と理論の関係は、実践主体の反省的実践（reflective practice）において認識することが中心的な課題となるという（Schön, 1983）。第一の「技術的合理主義」の立場における理論と実践の関係においては、実践主体と操作対象との一次元的な実践（one loop practice）でしかありえないが、実践的認識論の立場における理論と実践との関係においては、実践主体と対象との関わりとその実践に対する主体の内省という二重の関わり（two loop practice）が実践を構成している。実践的認識論の立場において理論は実践を外から統制するのではなく、実践の内側において機能するのである（Argyris & Schön, 1974）。

ショーンは、実践の内側で機能する理論を「枠組み（frame）」として再定義している。この「枠組み」は二重の様式で表現される。実践的な問題を表象する「修辞学的枠組み（rhetorical frame）」と問題解決の活動を構成している「活動の枠組み（action frame）」の二つである。教育実践に即して言えば、「修辞学的枠組み」は、教師がどのような言語で授業をデザインし遂行し反省しているか、という思考過程において表現され、「活動の枠組み」は、その教師が授業の中でどのようにふるまったのか、という活動過程において表現されている。「修辞学的枠組み」は教師の言語とディスコースで構成され、「活動の枠組み」は、教師文化や学校制度や教育慣行など「文化のメタ認知」として機能している。実践的認識論は「修辞学的枠組み」と「活動の枠組み」の二つを問題にするのであり、反省的実践による探究とは、つまるところ「枠組みの反省（frame reflection）」にほかならないという（Schön & Rein, 1994）。

「枠組みの反省」を中軸とする実践的認識論は、創造的な経験を基礎とする省察と判断の能力を求めている。したがって、アリストテレスの区分にしたがえば、第一の立場が科学の源流である「テオリア（理論＝観照）」の伝統、第二の立場が制作学（ポイエシス）を基礎づけた「テクネ（技術知）」

の伝統を継承しているのに対して、「実践の中の理論」を探究する第三の立場は、倫理的・芸術的な省察と判断の知である「プロネーシス（叡智）」の伝統を継承していると言えよう。

教育の理論を教師の内面化した枠組みとして認識する論理は、一九八〇年代以降、教育心理学と教育実践との新しい関係を築いている。その代表的な研究は、スタンフォード大学のリー・ショーマンを中心に展開された教師の知識と思考の研究であろう。ショーマンは、シカゴ大学でデューイ主義の教育哲学者であり生物学者でもあったジョセフ・シュワブに学んだ教育心理学者であり、発見学習の研究や医学教育カリキュラムの研究を推進した経歴を有している。

ショーマンは授業研究のパラダイム転換を提起し、行動主義の心理学を基礎として授業と学習を分析する「過程＝産出研究（process-product research）」は、「教育内容（content）」と「認知（cognition）」と「文脈（context）」の三つのCを無視してきたと批判している（Shulman, 1986）。ショーマンが授業研究の中心に設定するのは、「教師の知識（teacher knowledege）」である。なかでも「教育内容」の認知が重視され、「教育内容」を教材に構成したり授業の展開に結びつける「授業を想定して構成された教育内容の知識（pedagogical content knowledge）」が教職の専門性の中核をなすと言う。「授業を想定して構成された教育内容の知識」とは教育内容について例示したり、子どもの学びを組織したり、ある教育内容と他の教育内容の関連を見出したりする「教師の知識」であり、「教育内容（content knowledge）」を「教授学的推論（pedagogical reasoning）」によって翻案した知識であると言われている（Shulman, 1987）。

三つのCの強調に見られるように、ショーマンの研究は認知心理学の発展を基礎としていた。以後、教師の知識と思考を対象化した教育心理学の研究が活発に展開され、教室の複雑な文脈における教師と子どもの問題解決の過程を分析した研究（M. Lampert）、教師の活動を深層で規定している信念を対象とした研究（P. Peterson）、教師の経験を語り（narrative）の様式で表現する研究（J. Clandinin）などが展開されてきた。これらは、いずれもショーンが提示した実践に内在する理論（theory in practice）の機能を教師の実践に即して解明し叙述する試みであったと言えよう（佐藤、一九九六）。

4　「実践の中の理論」の三つの相

活動の枠組み

「実践の中の理論（thoery in practice）」を対象とする教育実践研究の可能性をさらに探究しておこう。ショーンは「実践的認識論」の「枠組み」を二つの次元において提起していた。一つは実践的な問題を表象する「修辞学的枠組み（rhetorical frame）」であり、もう一つは実際の活動において機能している「活動の枠組み（action frame）」である。

ショーンが「修辞学的枠組み」と「活動の枠組み」を区別している点は重要である。「多様な解釈を認める」ということを読みの教育の信条にしている教師も、現実の授業の中では「正解を一つに求める」活動を展開している（せざるをえない）ことは、むしろ一般的である。「体罰反対」を信条としている教師が思わず体罰をふるってしまった事例も多い。教師の実践は、教師が活用している言語やディスコースにおいて規定されているだけではなく、教師の実践を規定している制度的な現実や教師が内面化し暗黙に呪縛されている教師文化や、教師自身の深層の無意識によっても規定されている。「枠組みの反省」は、教師の意識化された活動、すなわち言語化された思考と活動の「修辞学的枠組み」に対してだけではなく、無意識の活動や制度化された活動や慣習的な活動において作動している「活動の枠組み」に対しても遂行されなければならない。教師の成長過程を研究すると、「修辞学的枠組み」と「活動の枠組み」のそれぞれにおいて変容が認められると同時に、二つの枠組みのギャップが新しい実践と成長の契機を準備しその促進力にもなっている。

教育実践において機能している「枠組み」を私は三つの次元で考察している。ショーンの提示した「修辞学的枠組み」と「活動の枠組み」に加えて、教育環境を構成している「状況的枠組み（situational frame）」を設定しているのである。この「状況的枠組み」は、教室の時間と空間を構成している「枠組み」である。上記の二つが教師の内面の「枠組み」であるのに対して、この「状況的枠組み」は、教師の外部に存在しながら教師の実践を規定する「枠組み」である。教師の実践には、授業の時間割や学校の建築や教室の配置や担任の制度や研修の制度など、教師の外部で教育状況を規定する様々な要素があり、それらの改編も広義の教育実践の一部を形成している。実際、教室の机と椅子の配置を変えることが教材を変える以上の意味を持つことは、多くの教師が経験していることだろう。

この教室の空間と時間の「状況的枠組み」を「枠組み」と呼ぶことに違和感を覚える人も少なくな

いだろう。「枠組み」とは「理論」であり、「状況」を「理論」として扱うのは奇異な感じをまぬがれないからである。しかし、教室の配置にせよ、学校の建築にせよ、時間割にせよ、研修の制度にせよ、それらのすべての中には「理論」が埋め込まれている。その隠れた「理論」の省察が、新しい教育実践を創造するのである。例えば、ある教師は、教室の時間を均質に一方向に流れる「コンクリートの溝のような時間」と表現し、その時間を「たゆたう川のような時間」あるいは「降り積もる雪のような時間」に組み替える実践を組織している。また、ある教師は、時間割の「時計の時間」をフレキシブルな「ゴムの時間」へと組み替える実践を展開している。さらに、ある教師は教室を「寺子屋のような畳の部屋」に転換した実践も推進している。これら学びの場所と時間を再構築する実践においては、「状況的枠組み」の省察が決定的な意味を帯びているのである。

教育実践を内側で規定している理論を「修辞学的枠組み」「活動の枠組み」「状況的枠組み」の三つの次元で認識した上で、教育心理学は教育実践の改革にどう関与しうるのだろうか。すなわち、この三つの次元における「枠組みの再構成（reframing）」に対して教育心理学は、どのような貢献をなしうるのだろうか。

リフレーミング

まず第一の「修辞学的枠組み」において、教育心理学者の責任とはたすべき役割は甚大である。教育実践は、その実践をデザインし遂行し反省し批評する言語とそのレトリックによって構造化されている。そして、この教育実践に内在する言語と、レトリックの多くは、教育心理学の言説に依存している。「学力」「能力」「知能」「発達」「興味」「関心」「意欲」「態度」「情動」「認知」「活動」「行為」「状況」「知識」「概念」「思考」「性格」「人格」「適応」「動機づけ」「テスト」「測定」「評価」など、教育実践について語る中心的な概念のことごとくが心理学の言説によって構成されているだけではない。「教育目標」「指導計画」「コミュニケーション」「教育評価」など、教育技術を構成するレトリックの大半が、心理学の言説と対応して機能している。

どの切り口で議論しても大問題が続出するのだが、例えば「発達段階」という言葉は、教師の教材構成において絶えず語られる用語である。この用語は、それが用いられるだけで、すでにいくつかの事柄を前提にする機能をはたしている。すなわち、学びとは独立した発達の段階があり、その段階は教育内容や教育関係や教室の文脈から独立して生理学的に決定づけられている。教育内容は、易しいもの（基礎・基本）から難しいものへと段階的な階層を持っている、などの前提である。これら一連の前提がいかに怪しいものかは、心理学の最新の研究に即して検討すれば明瞭だろう。しかし、この「発達段階」という用語は、いまだに教師の観念を支配しているし、「基礎・基本」という用語は、教育の中心的な用語の一つとして機能している。

教材の構成を「科学の系統」と「発達段階」の二つの基準で基礎づける原理は、すでに明治二〇年代のヘルバルト主義の教授学に登場し、その後もくり返し教授理論の中に登場し続け、今日も教師の常識として定着している。しかし、古今の資料を探索してみても、この二つの基準で実際に教材が構成された確かな事実を認めることはできない。すなわち、この「教材構成の基準」における「発達段階」という心理学的な概念は、すでにある教材がなぜこの学年にあるのかを事後的に説明するためのレトリックとして機能してきたのであって、この二つの基準で教材を構成する実践を生み出すレトリックとしては機能してこなかった。つまり「発達段階」という心理学的な観念は、教師の実践においては既存の教材を正統化する機能をはたしてきたのであって、教師が自ら教材を構成したり再構成する能力を無能化する作用をはたしてきたと言えよう。

また、この「発達段階」という観念は、教育内容は段階的な系統をなしているという観念とセットになっているが、この教育内容の段階的系統という観念は「基礎・基本」という観念を根拠づけている。もし「発達段階」という前提の常識が疑わしいとすれば、「基礎・基本」という観念もきわめて怪しいものになるだろう。したがって、「基礎・基本」という概念が混迷してしまうのは当然の結果なのだが、大半の教師は「基礎・基本」という概念に対して根源的な疑いを持とうとはしない。教育内容のすべてが、自動車教習所のプログラムのように「基礎」から「発展」へと段階的に組織できるし、それが最も教育的に有効であるという観念に呪縛され続けているのである。

「発達段階」という観念は、さらに、子ども一人一人の能力の差異が「発達段階」において表現されている、という教師の常識を生み出している。しかし、この心理学的な常識も、今日の心理学に即して検討すると、怪しい認識と言わなければならないだろう。「発達段階」や「発達の可能性」の現れは、その子どもがどのような関係を教師や他の子どもと結んでいるのか、どのような教材や環境で学んでいるのかによって、いかようにでも変化する。特定の子どもの「発達段階」や「発達の可能性」は、これら教室における対人関係や道具や環境の関数において決定されるのであって、単独の個人の所与の特性として現れるのではない。この点でも、教師の常識は旧来の個人主義の心理学の言説に呪縛されて転倒しているのである。

教師たちが抱いている「発達段階」という概念とレトリック一つを検討しても、心理学的な問題が続出してくる。「修辞学的枠組み」の検討は、このように、教師の言語と思考を呪縛している「修辞学的枠組み」を心理学的に検証し再構成（reframing）する言説的実践を要請している。

省察と反省

第二の「活動の枠組み」には、二つの層の問題が凝縮して表現されている。一つは、教師の活動を統制している個人の無意識であり、もう一つは、教師の活動を統制している学校の慣行や教師文化である。そのいずれも、教育心理学の重要な研究対象であり、教師の呪縛を解く言説的実践が必要な領域である。

教師の活動が無意識の信念やトラウマによって統制されていることをくり返し述べる必要はないだろう。しばしば教師は言葉で言明したこととは矛盾する行為をとりがちである。この事実は「修辞学的枠組み」とは別の統制原理が教師の活動を規定していることを示している。しかも、この暗黙の枠組みは、むしろ「修辞学的枠組み」以上の機能をはたしていると言ってよい。

例えば、数学教師の場合、教師自身の数学観（数学とはどういう学問なのかという観念）、学習観、子ども観が、授業に及ぼす影響は甚大である。どんなに指導技術にすぐれていても、どんなに情熱に燃えていても、その教師の数学観が貧しければ、貧しい数学的活動しか教室において展開することはないだろう。近年の熟達研究が示しているように、熟達者は、その専門領域に特有の思考方法を機能させている。数学観と呼ばれる教師の数学に対する信念が、教師の活動を無意識に統制していることは明瞭である。同様に、脅し文句で学んだ体験をもつ教師、正答主義で学んだ体験をもつ教師が、そういう学習観や子ども観にそった活動を教室で再生産してしまうことも多くの研究によって指摘されてきた。教師の個人的な信念やトラウマが活動を無意識に統制する「活動の枠組み」の存在と機能は明瞭である。

他方、学校の慣行や教師文化も教師の「活動の枠組み」において強く作動している。「起立、礼」で開始される授業、一斉授業の様式、特定の会話構造で組織された授業展開、評価テストなど、学校の慣行や教師の文化が、教師の「活動の枠組み」として機能している。このメタ文化的な枠組みは、教育心理学の枠組み以上に教育学、教育社会学の枠組みで教師の活動を統制しているが、しかし、授業や学習やコミュニケーションや教育評価など、教育心理学の枠組みも相応に機能している。

環境の再構成

第三の「状況的枠組み」は、教室の時間や空間や環境において機能している枠組みである。細切れの時間割、一方向的で段階的なカリキュラム、黒板と一方向に並べられた机と椅子、教科書中心の教材、無機的な学習環境などで象徴される学校と教室の状況は、教師と子どもの双方の活動を物質的・象徴的に統制している。この「状況」は、物質的に構成されているが、それぞれが象徴的な意味を帯びており、教師と子どもの活動を政治的・社会的に統制する機能をはたしている。その象徴的な機能の枠組みが「状況的枠組み」である。

「状況的枠組み」は教育学・社会学・政治学・心理学の枠組みを暗黙に組み込んで構成されていると言ってよいだろう。バラバラに配列された机と椅子は、学びを個人主義的に認識する心理学の所産であるし、一方向的・段階的に進行するカリキュラム、教科書中心の教材、評価テストの氾濫は行動主義の学習心理学の所産であり、細切れの時間割や校務分掌の組織は労務管理と経営理論を基礎づけた産業心理学の所産である。

これらの「状況的枠組み」は、教師の活動をメタ文化的に統制する機能を発揮しているが、その機能を教師の外部の物質的条件に還元するのは誤りだろう。例えば、教壇をなくし、教卓を脇に置き、個人学習用の机を協同学習用のテーブルに置き換える教師は、物質的環境に埋め込まれた「状況的枠組み」を洞察しているだけでなく、その「状況的枠組み」を構成している心理学・社会学・教育学・政治学を批判しているのである。

5　フィールド・ワークの課題

教育実践の創造に参加する心理学者は、どのような研究をどのようなスタイルで展開すればいいのだろうか。すでにその努力は開始されている。教室の外から教育実践をリモート・コントロールする「技術的合理主義」に不満を抱いた心理学の研究者たちは、教室の内側に身を移し、教室の出来事を集約的に参与観察するフィールド・ワークを開始している。行動主義の心理学が衰退した今日、授業研究や学習研究を推進する教育心理学者の多くは、頻度や密度の差はあれ、参与観察によるフィールド・ワークの方法に活路を見出していると言ってよいだろう。今や参与観察のフィールド・ワークは、教育心理学の一つの研究スタイルとして市民権を獲得したと言ってもよい。

しかし、参与観察のフィールド・ワークをめぐって、様々な混乱が生じているのも事実である。最大の混乱は、参与観察のフィールド・ワークが、旧来の教育心理学の実験や調査や観察と同種の方法として理解されて、事例研究の妥当性が旧来の実証主義の範疇で議論され、参与観察やフィールド・ワークの方法が心理学化されている点である。

参与観察の方法は、もともと既存の学問から逸脱し個別の学問の境界線を越境する方法として成立しており、社会学や心理学など特定のディシプリンには収まらない性格をもっていた。そうであればこそ、文化人類学やエスノメソドロジーという脱領域的な思考を形成することが可能になったのである。ところが、今日、文化人類学やエスノメソドロジーが固有のディシプリンを主張して自閉化し始めるとともに、参与観察というフィールド・ワークの方法は、社会学においても心理学においても、この方法が本来持ち合わせていた「越境性」を喪失し、個別のディシプリンの一つの手法に矮小化される傾向がある。

参与観察の方法は、特定の地域に長期間滞在し、特定の「一つ」の文化的・社会的事象を集約的に調査し探究する方法である。参与観察は「一つ」を対象とする「個性記述学」の方法なのであり、実証主義の科学が標榜した「法則定立学」の方法とは哲学も言語も異にしている点が重要である。

ところが、教育心理学の領域で活用されている参与観察は、往々にして「越境性」と「総合性」を欠落させて、旧来のディシプリンの枠内で検討すべき課題をただ方法を変えて探究しただけのものが多い。あるいは、その研究の妥当性や一般性を主張するのに、旧来の数量的研究における実証主義の基準で妥当性と信頼性を主張しているものも多いし、数回のフィールド・ワークで一般化された大きな結論を導くというように、「一つ」の特異性（singularity）を解明する「個性記述学」の研究として見ると不十分な調査によって普遍的結論へと飛躍する研究も多数存在している。逆に、「一つ」の対象の事実を細かく詳しく叙述するだけで、肝心の理論的な探究や概念化においては常識的な事柄が確認されるだけの研究も少なくない。

もう一つの問題は、フィールド・ワークの研究が、教師が日々遂行している実践的探究と無関係に実施されている問題である。教育研究者、教育心理学者が教育実践に関与する当事者として責任を共有し合う関係を築いていない問題である。

この問題を考える前提として、フィールド・ワークを行う教育心理学者の責任が教師に対する指導や教育実践の指導にあるのではないことを確認しておきたい。教師と研究者の関係は対等であり、一方的に教え教わる関係ではなく、ともに学び育ち合う関係を追求すべきである。研究者と教師が「指導—被指導」の関係に入ったときには、すでに「技術的合理主義」の枠組みの中へと回収されていると言うべきだろう。

教師の責任が教育実践の創造にあるように、教育心理学者の責任は理論的探究と言説的実践にあることを銘記すべきだろう。いくら長期にわたって訪問し調査したとしても、教育学者や教育心理学者は、教室の子どもの学びや教師の実践に直接責任を負うことはできない。教育学者や教育心理学者の責任は、教室の出来事と教師の経験から学ぶことを通して自らの理論的探究と言説的実践を推進することにある。教師の実践の「現場」が教室であるように、教育学者や教育心理学者の実践の「現場」は大学であり学会である。

教室の出来事を記述し理解するいとなみという点では、フィールド・ワークを遂行する教育心理学者は教室で教育実践を創造する教師と同等の課題を担っている。しかし、その研究成果を表現する言語と文体において、教育心理学者は、教師以上に記述する概念やレトリックにおいて自覚的で反省的な態度が求められている。

フィールド・ワークによる研究の大原則は、よく言われることだが、「厚い記述」(C. Geerts) を追求することである。フィールド・ワークの方法論的な意義は「厚い記述」に尽きると言っても過言ではない。しかし、「厚い記述」とはどういう記述だろうか。

間テキスト性

私は「厚い記述」を次の三つの要件で考えている。第一は「間テキスト性（intertextuality）」である。私たちが対象としているテキストは教室の出来事である。教室の出来事は、アプリオリにテキストとして存在するのではなく、その出来事を言語で表現することによってはじめてテキストとして現前することになる。テキストの創作と批評は、教室研究においては同時進行である。しかも、教室の出来事は真空地帯で生起しているのでもなければ、単独の事象として生起しているのでもない。教室の出来事は、現代日本の社会と文化の縮図であり、教師の背景、子どもの背景、教室の背景、教材の背景という多元的で多層的なテキスト群との関連を保持して生起している。「厚い記述」は、このようなテキストに内在し複雑に輻輳するテキスト群を対象とすることによって可能になる。その叙述は、いくつもの見えないジグソーパズルの交差点に一つの的確な言葉をあてはめるような作業である。一つ一つの選ばれた言葉が、いくつものジグソーパズルの絵柄との関連を生み出し、教室の出来事の意味の多義性を現出させるものとなる。この作業において問われているのは、もはや狭い教育心理学の方法や手法ではなく、教室の出来事の意味を洞察する研究者のまなざしと思想と教養の確かさである。教室の出来事が要請する記述の「総合性」は、このような「間テキスト性」において理解される必要がある。いくら子どもや教師の「生い立ち」や「背景」の情報が記されていても、その叙述が「間テキスト性」を獲得していなければ、すなわち、教室の出来事との内在的な関連を明示し多種多様な背景の構造を開示していなければ無意味であり、「厚い記述」を導くことは不可能である。

問題の重層性

第二は教室のフィールド・ワークにおいて取り上げる問題の重層性である。教育実践のような複雑な領域で生起する問題は、数学の問題のように正誤が明瞭に判定できる一つの解答に収斂するものでもなければ、一つの解答で自己完結するような問題でもない。一つの問題には絶えず複数の正解があり、一つの問題の解決は、その問題の背後に広がるより大きな問題への対面を準備している。教育実践を叙述する作業は「終わりなき物語（ネバー・エンディング・ストーリー）」に参入し、その物語を記述する作業にほかならない。とは言え、一つの事例の記述が一つのまとまりを要請されることも事実である。

フィールド・ワークの研究が直面する問題を、私は三つの層において認識してきた。一つは「現実が提起する問題（problem）」であり、教室において教師や子どもが直面する生の問題である。この「現実が提起する問題」には「現実的な解決（solution）」、すなわち実践的な解決が対応している。二つ目は、理論的な解決が求められる「論題（issue）」としての問題である。「論題」は「現実が提起する問題」を基盤として成立しているが、その解決は理論的に追求される問題である。研究者の記述する事例研究は、この「論題」を中心的な主題として叙述されると言ってよいだろう。三つ目は「誰もが解けない難題（aporia）」である。教育の実践的問題は、誰もが解けない深くて重い問題をその中に含んで成立している。

このフィールド・ワークにおいて直面する「問題（problem）」「論題（issue）」「難題（aporia）」という三つの問題のうち、論文の記述において対象とするのは「論題」としての問題である。「論題」を設定し「論題」を中心的に意識して叙述することなしには、焦点の明瞭な説得力ある記述を展開することはできない。たとえ、フィールド・ワークのノートとは言えども、その目的が「論題」において焦点化されていなければ研究として実を結ぶことはないだろう。

しかし、同時に、出来事を中心に記述するフィールド・ワークの論文は、現実的な問題である「問題（problem）」を厚く記述することなしには、何のためのフィールド・ワークであったのか、現実的にどういう「問題」がどういう「論題」を含んで成立しているのかを示すことはできない。出来事として生起した「問題」の中に「論題」を省察する方法が問われているのである。

こうして、出来事を中心に記述しながら「問題」を対象化し「論題」を焦点化して考察した論文は、フィールド・ワークの論文としての体裁を整えていると言えるだろうが、その考察が「難題（aporia）」への洞察を含んで展開されると、より深い「厚い記述」を実現するものとなる。教育実践において教師や子どもが直面している問題は、problem・issue・aporia という重層性のある問題であり、その重層性に応じた「厚い記述」が求められている。

記述の用語

「厚い記述」の第三の要件は、記述する概念の用語体系である。研究者であるフィールド・ワーカーの提出する論文は、教師の提出する報告と同じでいいのだろうか。もし、その違いを示すとすれば、論文の記述において使用する概念の用語体系を意識化することである。一般の研究論文において使用する概念の用語体系における確かさが求められるのと同様、フィールド・ワークの報告における記述言語も鍵となる概念の用語体系の確かさが重視されなければならない。フィールド・ワークを行う研究者は、対象とする教室の出来事を記述する文学的な言語を豊かにするとともに、論題を議論する鍵となる概念を人文・社会諸科学の中で絶えず洗練させておかなければならない。

厚く豊かに記述された叙述は、これまでの「法則定立学」の領域で洗練されてきた教育心理学の「パラダイム（命題）の言語」を豊かにする基礎を準備するだけでなく、「個性記述学」の方法を通して「ナラティブ（物語）の言語」で教育心理学の新領域を開拓するものとなるだろう。「個性記述学」としての教育心理学の言説的実践である。この新しい言説的実践は、すでに「教育心理学」という名称さえも脱却する道を準備するのかもしれない。教育心理学の越境であり、教育実践を対象とする脱領域化された心理学の言説的実践である。教育実践という対象は、その危険を賭しても挑戦してあまりある魅力的な対象である。

6 アクション・リサーチへ

ところで、参与観察によるフィールド・ワークには大別して二つの種類がある。一つは、教室の出来事を観察し記述してその文化的意味を開示するエスノグラフィーや社会的政治的意味を開示するエスノグラフィーの方法である。一般に実施されているフィールド・ワークの大半は、この「観察・記述・概念化」の研究であると言えよう。この通常のフィールド・ワークにおいて、教育心理学者は、調査者であり観察者であって実践への関与は禁欲されている。

フィールド・ワークのもう一つの方法はアクション・リサーチである。通常のフィールド・ワークにおいては、可能な限り教師の実践に介入しない立場で教室の出来事を観察し記述して研究を推進するのに対して、アクション・リサーチにおいては、研究者自身が教師と協同して授業の改善やカリキュラムの改革に関与し、その関与と変革の過程それ自体を研究対象とする方法が採用される（Elliott, 1991）。

アクション・リサーチの方法は、一九四〇年代に集団心理学を研究したクルト・レヴィンが考案した方法であり、人々の意識が民主化されていく過程を集団の社会的過程として探究する方法論として開発されている。レヴィンは、活動をその個人の「生活空間」である「場（field）」の一定の時間単位における変化に即して位相幾何学的な構成要素で分析する研究を展開した心理学者として知られている。レヴィンの心理学は、中心概念である「場」の構造をトポロジーに還元して説明する難点を含んではいたが、個人の「活動」の力学的な変化を「場＝生活空間」の変容に照らして探究する「社会科学」としての心理学の「公道」を開拓した点で貴重な意義を有している（Levin, 1951）。このレヴィンが晩年に開拓した方法がアクション・リサーチである。レヴィンは、アクション・リサーチの方法で「活動科学（action science）」としての心理学を標榜し、民主主義の実践主体としての心理学者の役割を追求したのである（Argyris & Schön, 1974）。

私は二つのフィールド・ワークの双方を模索してきたが、近年は、アクション・リサーチを中心に研究を推進するようになっている。教育実践は、複雑で複合的ないとなみである。教育実践の探究を行うためには、研究者自身も教師と協同する一人の実践者として授業の改革やカリキュラムの改革に参加することが求められている。教育の実践的な探究において、観察者の立場から見える世界と実践者の立場に立たないと見えない世界の違いは大きい。アクション・リサーチをどのような研究へと発展させればいいのか、いまだ未知数の部分も多いが、研究者の身体を実践の文脈に投入した新しい知の創造が求められている。その格闘を若い多くの研究者とともに開始すべきところに来ていると思うのである。以下において、アクション・リサーチを推進するための基本問題について言及しておきたい。

アクション・リサーチを推進する研究者は、実践者と活動の課題と文脈を共有している。一般の参与観察では、研究者は状況の中に身をおいてはいるが、対象を観察するまなざしは活動主体の外にあり、実践過程に関与しないのが原則である。参与観察を行う研究者は絶えず「よそ者（stranger）」であることにつとめ、たとえ自らの存在が状況に何らかの影響を及ぼしていようとも、その関与がない状態を理想化して観察し記述し概念化することを追求している。しかし、アクション・リサーチを推進する研究者は、自らが「場」に関与している事実を積極的に肯定し、その関与の事実も組み込みながら「活動」と「場」の変容の過程を観察し記述する。すなわち、教室研究、学校研究においては、教師に対する研究者のコンサルテーションや協力や援助の活動、さらには、研究者自身の変容も研究対象の一部を構成するのである。

研究者の役割

ここで、次の二つの疑問が生まれるだろう。一つは、アクション・リサーチを推進する研究者と教師との関連は、先に否定した教師の実践を一方的に指導する研究者の関わり方、すなわち「技術的合理主義」の原理による理論と実践との関係とどう違うのか、という疑問であり、もう一つは、研究者が推進するアクション・リサーチは、教師が主体となって進めている実践的な探究とどう違うのか、という疑問である。

まず第一の疑問について言えば、教師を理論で指導する旧来の研究者が「理論の実践への適用（theory into practice）」を推進しているのに対して、アクション・リサーチを推進する研究者は、教師との協同の関係を構築して「実践の中の理論（theory in practice）」を探究し創造しているという違いを指摘することができるだろう。アクション・リサーチを推進する研究者は、教師が追求している課題と方向を尊重して実践の改革に協力し、教師の実践と教室の出来事に学びながら教師が機能させている「実践の中の理論」を自らの理論との往還を通して検討し探究している。たとえ研究者の関与の中に教師に対する指導的な助言が含まれるとしても、その指導的な助言の効用や妥当性を検証するのが目的ではなく、教師との協同によって遂行される学校や教室の変化の過程それ自体を研究するのが目的であり、研究者の助言によって教師の思考と実践がどのように変化し、どのような学校や教室の変化が何によって達成されたのかを探究しているのである。教師の実践過程を研究者のコンサルテーションを含む創造的で力動的な過程として研究するのが、アクション・リサーチの方法と言ってもよい。

第二の疑問については、教育心理学者のアクション・リサーチと教師の実践的探究との共通する点と異なる点の二つを確認する必要がある。まず、教育心理学者が遂行するアクション・リサーチは、教師が実践の改革を求めて遂行する実践的探究とは、ともに実践的認識を探究している点で、基本的には同じ過程を共有していると言ってもよいだろう。具体的な事例研究においては、教師が実践の中で遂行している反省的思考を教育心理学者も実践に関与するかたちで展開することとなる。アクション・リサーチを推進する研究者は、教師の実践的思考のパートナーなのである。しかし、両者の思考の性格と目的は異にしている。教師の実践的探究が実践の発展を目的としているのに対して、教育心理学者のアクション・リサーチは、教師と協同で「実践の中の理論」の創造に携わりながら、究極においては、理論それ自体の発展を志向し、心理学の理論の創造に責任を負っている。いかに積極的に関与しようとも、教師が担っている教室の責任を研究者が請け負うことには限界があるし、また安易に請け負うべきでもない。研究者の担うべき中心的な責任は教室の外にあるのである。

研究スタイル

アクション・リサーチを推進する教育心理学者は、今後は、自らも教壇に立ち授業を創造しながら研究するスタイル、あるいは、自らも学校の運営に加わり改革を推進しながら研究するスタイルを開拓する必要があるだろう。その先駆的な試みとして、数学教育の研究者のマグダリン・ランパートや社会科教育の研究者のスザン・ウィルソンらは、午前中は小学校の教師、午後は大学の教授という二つのポジションを往還しながら実践的研究を進めている。臨床医学の研究者が病院と大学の往還の中で研究を推進しているのと同様である。教科教育学の研究や授業研究は、このような実践者としてのスタンスを研究スタイルにおいて内在化させることなしには、実りある成果をもたらさないのではないだろうか。

アクション・リサーチの開拓は、教育心理学の研究のあり方を根本から問い直すものとなる。教育心理学者の実践への関与が、一般の参与観察のように実践の事実が「〜である（being）」という言明にとどまるならば、旧来の教育心理学の枠内にとどまることも可能であるが、もし、教師に対して「〜すべき（ought to be）」という言明を含むならば、その言明の妥当性と有効性を自らの実践において検証する必要と責任がある。

ところが、これまで、多数の教育学者や教育心理学者が参与観察の域を超えてアクション・リサーチの領域に踏み込んできたが、その研究者たちの中で自ら教壇に立ち授業の創造に苦闘した研究者は稀であった。それどころか、授業を創造した経験の乏しい研究者が、教壇で豊富な体験を持っている教師を一方的に指導するという転倒した関係が、くり返し再生産されている。「講演」「講評」という安直な関与が、今も大学の研究者と学校の教師とをつなぐ太いパイプになっているのである。

常識から考えれば直ちに異様さが知られるだろうに、授業実践を経験したことのない研究者が授業経験の豊富な教師に授業の技法（art, artistry）を助言し指導するという転倒した関わりが、アクション・リサーチの誤った普及をもたらしてきた。この乱暴な関係を担ってきた研究者は学問研究においても劣っており、権威的で空疎な指導を求めた教師は実践的見識において劣っていたという事実を再認識する必要があるだろう。アクション・リサーチを推進する研究者は、教師と対等な関わりを築き、教師の実践と教室の出来事から学ぶことを活動の中心目的に設定する必要があり、自ら教壇に立って実践を創造する覚悟がなければ、参与観察の立場と役割に研究活動を限定すべきなのである。同時に「実践の中の理論」の創造者としての自負を持たない教師は、安易に研究者との協同関係を築くべきではない。

心理学からの越境へ

最後に、もっと大きな問題にも言及しておかなくてはならない。アクション・リサーチの発展は、活動（実践）と研究（理論）との境界線を破砕する探究へと導くだろう。レヴィンの提起した「活動科学（action science）」は、活動（実践）と研究（理論）とを二つの領域に分け、その担い手を教師と研究者に二分してきた近代の科学、近代の教育の枠組みを破砕する契機をその内側に含んでいる。

アクション・リサーチによる研究は、一方では、旧来の教育心理学や教育社会学や教育学に立脚した経験科学としての表現のスタイルを保持しているが、もう一方で、近代科学の言語や範疇を超えた探究を推進していることが重要である。アクション・リサーチの研究による知見が、エッセイやストーリーのスタイルで豊かに表現され、学術的な研究誌のオーソドックスな論述のスタイルになじまないのは、決して旧来の経験科学の方法よりも劣った認識によるのではなく、近代科学の言語と論理では表現しえない探究をアクション・リサーチが獲得しているからであろう。例えば、一人称で経験を反省し記述する表現の様式は、教育心理学の学会誌において認定しうるだろうか？　アクション・リサーチによって探究された実践的見識（practical wisdom）を豊かに表現した語りは、今日の学会誌が共有している審査基準で内容の高さと妥当性を評価しうるだろうか。アクション・リサーチの方法論がいつまでも未成熟なのは、この実践的探究の方法が近代の経験科学の方法を超えているからである。

この大問題に本章でこれ以上言及することはできないが、アクション・リサーチへと踏み込んだ研究者の一人として、今なしうることを二点だけ述べておきたい。その第一は、旧来の教育心理学の越境を追求することである。教育心理学において探究すべき課題の大半が、他の学問領域との境界線にあることを否定する人はいないだろう。そして、教育実践は複雑な文脈における複合的な問題の解決を要請している。教育実践の内側に入れば入るだけ、教育心理学は脱領域化される宿命を担っており、脱領域化を推進してこそ、新しい学問として自らを蘇生させることができる。アクション・リサーチは、どのような課題を掲げるにせよ、この教育心理学の脱領域化を推進する研究となるだろう。第二は、アクション・リサーチを教育の実践的探究の方法として洗練させ、教育実践を創造する専門家の共同体を形成することである。教育実践は言説的実践であり、その創造を推進する専門家のディスコース・コミュニティの形成を基礎として、言説と実践の発展を推進することができる。このディスコース・コミュニティは、教育実践を創造する主体である教師とアクション・リサーチによって実践の創造に関与する教育研究者の協同の関係を基盤として構成され、教育の実践的な見識を蓄積し発展させる役割をはたすだろう。すでに多くのネットワークがこの専門家共同体の機能をはたしているが、その多様なネットワークを輻輳させ発展させる推進力となりうる新しい研究が求められている。アクション・リサーチは、教育実践を創造し合う専門家共同体を教師と研究者が協同で推進する探究なのである。

文献

Arendt, H. 1978　*The life of the mind*, Vol. I, *Thinking*. Secker & Warburg.

Argyris, C., & Schön, D. 1974　Theory in practice : Increasing professional effectiveness. Jossey-Bass Publishers.

Dewey, J. 1904　The relation of theory to practice in education. *The third yearbook of the National Society for the Study of Education*. The University of Chicago Press. pp. 9-30.

Duckworth, E. 1987　*The having of wonderful ideas and other essays*. Teachers College Press.

Elliott, J. 1991　*Action research for educational change*. Open University Press.

稲垣忠彦　一九六六『明治教授理論史研究——公教育教授定型の形成』評論社（増補版、一九九七）。

James, W. 1899　*Talks to teachers on psychology : And to students on some of life's ideals*. Henry Holt.

Langer, E. 1997　*The power of mindful learning*. Addison-Wesley.

Levin, K. 1951　*Field theory in social science : Selected theoretical papers*. Harper & Brothers. 猪俣佐登留（訳）一九六二『社会科学における場の理論〔増補〕』誠心書房。

佐藤学　一九九六「実践的探究としての教育学——技術的合理性に対する批判の系譜」、『教育学研究』（日本教育学会）第六三巻三号、六六—七三ページ〈佐藤学　一九九七『教師というアポリア——反省的実践へ』世織書房、一三九—一五六ページに再録〉。

Schön, D. 1983　*The reflective practitioner : How professionals think in action*. Basic Book.

Schön, D., & Rein, M. 1994　*Frame reflection : Toward the resolution of intractable controversies*. Basic Books.

Schwab, J. 1969　The practical : A language for curriculum. *School Review*, **78** (**1**), 1-24.

Shulman, L. 1986　The paradigms and research programs in the study of teaching. In M. Wittrock (Ed.), *Hand-*

book of research on teaching, 3rd ed. Macmillan.

Shulman, L. 1987 Knowledge and teaching: Foundation for the new reform. *Harvard Educational Review*, **57** (**1**), 1-22.

2章　心理学は実践知をいかにして越えるか
研究が実践の場に入るとき

宮崎清孝

1　実践知の構造

実践の核としての実践知

授業の場は、他の様々な実践の場、日常の場と比べて一つの顕著な特徴を持つ。それはこの場が子どもと子ども、子どもと教授者が作り出す具体的な場であるというだけにとどまらず、教授者が自らの経験の中で蓄積した知識に基づいて意図的に作り出した場であるという特徴である。そのような知識を教授者の持つ実践知と呼ぶとすれば、授業実践の核は教授者の実践知である。もちろん、子どもの側も授業についてのある知識を持ち、あるいは授業の中でそれを作り出す。それが授業のとる具体的な姿に影響を与えないことはないだろうとはいえ、授業者の側の実践知が授業のあり方を決定的に左右することは否定できない事実である。

なぜこのことを強調するのか。

今日、実践の場を心理学的な研究の対象とすることが盛んになってきている。例えば状況的認知論(Greeno, 1997) やハッチンス (Hutichins, 1995) のいう認知的エスノグラフィー (cognitive ethnography) の流れの研究が市民権を獲得するにつれて、ミーアン (Mehan, 1979) などを嚆矢とする実際の授業を対象にした研究が多くなってきている。日本においては、吉田 (一九七五)、落合・築地 (一九九四) などの研究を例外として授業自体を対象とした研究はまださほど多くはない。だが、日本心理学会でこのところ継続して開かれているフィールド研究に関するシンポジウム (例えば宮崎ら、一九九七) にそのような動きが象徴的に現れているように、実践の場は新たな研究対象として注目を浴びている。

ところがこれらの研究では、実践の場、特に授業実践の場で教授者の実践知が持っている重要性が注目されることが非常に少ない。例えばグリーノ (Greeno, 1997) は学習を個人が他者や他の資源と相互作用するシステムの中でおこるものとして捉えることが教育問題について新たな問いかけを可能にすることを論じる。だが教育というシステムの構成要素の中で教授者のもつ実践知が果たす役割についてはまったく無頓着であるようにみえる。

授業という場を作り出すキーとしての教授者の実践知の役割が、したがってあらためて強調されなければならない。そのような実践知の重要性を念頭に置いたとき、では心理学は授業をどのように研究すべきなのか。それは実践に対してどのような道筋で寄与ができるのか。逆に心理学は教育実践から何を、どのように学ぶことができ、新たな心理学的知見を自らのものにしていくことができるのか。

この方法論的な問いがあらためて問われる必要がある。

この問い直しを行おうとするとき、我々は教授者の実践知がどのようなものか、それについて考えることから始めなければならない。だが実践知の一つの特徴については前もって述べておいた方がいいだろう。

それは教授者の実践知が、かなりの部分教授者本人にとって対象化された反省的な知識であり、少なくとも日本においては体系化されたものすらあること、そしてそのような反省的な実践知から多くの興味深い、豊かな授業実践が作り出されているという事実である。授業を作り出すことに関して、また授業を理解することに関して、それは心理学がおよばない有効性をもっている。実践知は科学の知ではないかもしれないが、同じように尊敬されるべき知識として存在している。

それがどのような意味で対象化されているのかについては後に述べるとして、このことは心理学と実践の間の関係をより複雑なものにしていく。ごく単純化していえば、仮に教授者の実践知が対象化されておらず無自覚的なものであるとすれば、少なくともそれを対象化していくという仕事が最低限科学にはあることになる。だが授業実践について、実践知の中ですでに多くのことが自覚的に知られているとすれば、科学としての心理学はそれにつけ加えて何を、どのような意味で、新しい知見とすることができるのかと我々は問わざるを得ない。

逆にいえばこのことは、心理学と教育実践の関係について考えることをより必要なものにする。そしてその関係は、何よりも心理学と実践知の関係を考えることを通して検討されなければならない。

では教授者の実践知とはどのような知なのか（なお、教授者が授業実践を作り出すキーとなる人物であるという事実を踏まえ、以下では教授者を実践者と表現することにする）。

実践知は無自覚的なものか

教育における実践知の構造について論じたものは少ないがないわけではない。その中で特に重要なのはランパートとクラーク（Clark & Lampert, 1986 ; Clark, 1988 ; Lampert & Clark, 1990）によるものであろう。また領域は異なるが看護婦の持つ実践知を論じたベナーたちによる一連の研究（Benner, 1984 ; Benner & Tanner, 1987 など）も大きな関連を持つものとして見逃せない。

彼らは実践知の様々な側面に光を当てている。だが本章の関心からいって特に注意したいのは、彼らが実践知を暗黙のもの、つまり当事者である実践者によって所持され使用されてはいるが、そしてその意味では実践者自身に知られているが、反省的には知られていないとする点である。

ランパートとクラークたちの論究は、いわゆる状況的な認知論の流れと一致したものである。彼らは教師の実践知の第一の特徴として、それが文脈の中にあることをあげる。教師が実践の場で日々行う決定は状況特殊的であり、それは個々の場合で異なる直接的な状況のたくさんの側面を考慮に入れなければならない。したがって個々の実例から抽出された原理である科学的な知は実践者にとって必ずしも役に立つものではない。このようなものとしての実践知は、あるレベルではすでに実践者によって知られていて、したがって実践知についての科学的研究が明らかにしてきたことはその意味では

『発見』ではない (Clark & Lampert, 1986)。しかしその知識は暗黙 (implicit) なものでもあり、その所有者によってはっきりと分節化されたりコード化されたりしていない。それは研究者によって推測され、再構成される (Clark, 1988) とされる。

一方ベナーらの論究はドレイファスら (Dreyfus & Dreyfus, 1986) の実践知論を看護婦の実践知に適用したものである。ベナーによれば実践知はいわゆる know that と対比される know how の知である。新人の、まだ実践知を十分に持っていない看護婦が理論的な知識を実践の場の問題解決に適用していこうとするのに対して、熟達した看護婦は状況を全体としてつかみ、過去の実例に依拠しながら直観的な判断を行う。そしてここでも、実践者自身は自らが経験の中で獲得した実践知に気づいていないことが多いとされる。

教育の世界で、実践者が実際に使っている実践知のあり方に無自覚的であることを示しているようにみえる研究もある。例えばオープンスクールのような進歩主義的教育では、ピアジェの理論に基づく児童中心の授業が提唱され、子どもが自発的に学び、知識を発見することが強調されるが、実際の授業では教師の強い統制の下で学習が行われているという (Edwards & Mercer, 1987)。

だがこのような事例も、詳しくみると教師による実践知の無自覚性を示しているとは簡単にいうことができないように思われる。例えばオープンスクールの場合、それはもともと二〇世紀のはじめイギリスで現場の教師たちが自らの工夫の中で様々な形で生み出したものであった。それが普及するにつれ、第二次大戦後にいわゆるプラウデン委員会の報告により定式化が行われた (稲垣、一九八四)。

その際、ピアジェ理論がその方法を『理論化』するために持ち込まれたのである。つまりここでは極端な言い方をすれば、外部から建前として持ち込まれた心理学理論が実践知をいわば覆ってしまったのである。ここにあるのは建前と実際が違うということである。教師が自分のことを知らない、というのとは事情はちょっと異なる。

このように外部から持ち込まれた理論やスローガンが実践者の実践知を覆ってしまうことは、日本でもしばしばある現象である。だが同時に、すでに述べたように事実として、少なくとも日本の教育の世界に関する限り、そこには多くの実践者による実践知の対象化の試みがある。その事実をみるとき、実践知を当事者によって反省され、対象化されていないものとするこのような特徴づけは安易なものといわざるを得ない。

戦後のいわゆる民間教育運動の流れの中で、多くの教師が自らの実践を反省し、対象化し、また教師集団としてお互いの経験を交流しながら実践についての知識を蓄積し、体系化し、公共化してきた。それは個々の実践についての報告にとどまらず、また場合によっては個々の教科を越えた一般性ある体系的な知識を目指すものであった。その結果として、実践者により多くの豊かな授業が生み出されてきた。すぐれた授業を生み出すために、それらの実践知はこれまでの心理学とは比較にならない有効性を持っていた。例えば斎藤喜博に率いられた教授学研究の会による教授学創造の試みをその典型としてあげることができるだろう。

このような実践者による実践知の対象化、体系化、公共化の道筋は、確かに科学におけるそれとは違う面がある。そしてそこには克服されるべき問題点もある。

体系化された実践知についていえば、そのほとんどはある特定の教授方法を前提とし、その枠内での体系化にとどまる。例えば算数における数教協の水道方式、国語の文芸教育研究協議会の視点人物論による文学作品の理解の授業など、多くは特定の教科における特定の教材―発問システムについてのものである。斎藤喜博の教授学は特定の教科に関するものではなく、一般化の度合いはやや高いともいえるが、やはり特定の、いわば教授学風の教材―発問システム、あるいは発問生成システムを持つ。それぞれの体系は閉ざされていて、いわばたこつぼの中に閉じこもりがちであり、体系化、公共化はそれぞれの枠内で行われている。

他方、実践知の公共化の過程に注目すると、これはほとんどの場合教師たちが集まる研究会という形で行われている。例えば教授学の流れでのそのような研究会を例にとると、そこで主となるのは各自の実践事例を持ちよっての報告である。発問など授業過程が問題にされる場合と、美術の授業の場合のように子どもたちの作品自体が問題にされる場合がある。また、模擬授業や特定の教材についての解釈を出し合い検討することも行われる。そこでは理論の理論としての学習は重要視されない。基本となるのはお互い同士での批評であり、それを通して知識が受け渡され、発展させられる。

様々な体系的な知識がそれぞれに閉じていること、また知識の公共化が個別事例を媒介として行われる点では、実践知のあり方は科学の知と確かに異なる。それは科学の知に比べ、より一般的な命題にしにくい。しかしそのことは、実践知が当事者によって対象化され得ないことを意味はしない。対象化、体系化、公共化のやり方が異なるということである。このような特徴が示しているのはランパートたちの言葉を使えば実践知が状況特殊的な部分を多く持つということであって、対象化、反省化されたものになりにくいということではない。

実践知の全体性

実践知が対象化、体系化、公共化できる、されている知識だとして、では科学の知と比べたときその特徴はどこにあるのだろうか。ここでは二つの特徴をあげてみたい。一つはその全体性ということであり、もう一つはその一人称性ということである。それに対比すれば、科学の知は一面性と三人称性の二つで特徴づけられることになる。まず全体性という特徴からみていこう。

例えばある小学校の教師が新しく担任した三年生のクラスで、図のような問題を使って算数の授業を行った例をみてみよう（川島、一九八四）。

この問題は単元の最初の問題、二年のときの一桁かける一桁の問題を復習すべき問題として教科書にのっていた問題である。きわめて単純な問題であり、かけ算の理解ということだけを取り出してみればごく簡単に取り扱ってすむ問題であろう。しかし教師はあえてこの問題にじっくりと時間をかけることを決心する。それは担任した子どもたちの状態についての彼女の認識からの判断であった。

自分の考えなど何も持っておらず、学級で活発に動く二、三人の子どものまねをしてうろうろするだけでした。何事もどうでもよかったのです。それなのに、答えの正誤だけには異状な関心を示し、しきりに気にします。（中略）板橋（健）と高井とは、まったく同じ式をたてていますが、この二人は同じだと思っていないのです。何でも自分だけという考えですから、自分の考えと他人の考えを比較しないのです。自分の考えを書いてしまえば「もうできた」ということで安心しているのです。

問題は単純で、答えは数えればすぐに出る。それだけにこれを使うことによって、子どもたちの注意を答えの求め方に導くことができるだろうし、お互いの導き方の同異を授業の焦点とすることができるだろう、そう考えて教師はこの問題を大きく扱うことにしたのである。

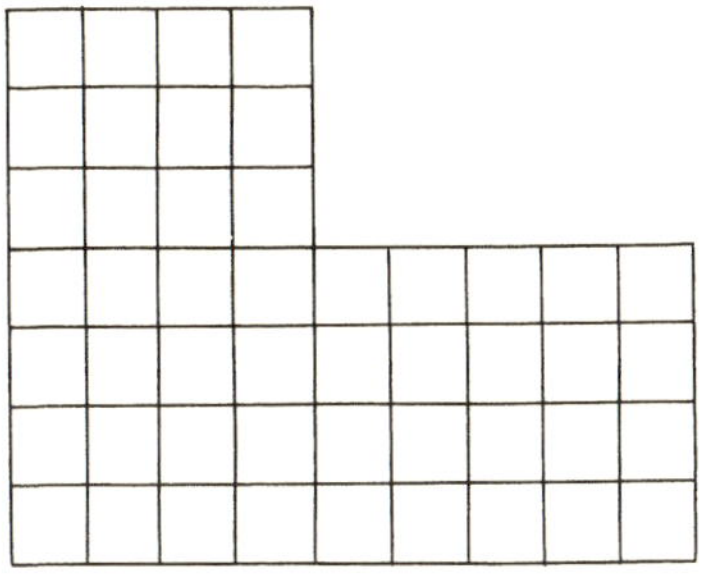

図1　算数の問題の図

　このような判断は授業の中で多くの教師がたえず行っているもので、特に目新しいものではないかもしれない。しかしここに実践知の全体性がすでにほのみえている。算数の時間の活動として、教師は子どもの算数の知識や、教材の算数の知識にとっての意味についての判断を行っている。だがそれと同時に、彼女は子どもたちの他の子どもたちとの関係、子どもたち自身の他の子どもたちと関係づけながら思考する力（のなさ）についての判断も行っている。この二つの方向からのこの問題に対する判断は教師の中で一致しない。教師はここでは後者を優先してこの問題に時間をかけることにしたのである。

この際教師が判断の対象としなければならないのは一般的、抽象的な子どもではなく、目の前に今いる具体的な個々の子どもである。この授業の展開の中で生じた次のような経過がそのことをよく示している。

この問題を与えられた子どもたちはいろいろな答えを提出する。そのすべての答えを教室中に張り出した教師は、子どもたちに誰と誰の答えが同じか、探らせていく。子どもたちは「式の合体だ」といって喜んでその作業に没頭する。しかしまだ子どもたちの関心は式の意味、解き方に示された自分の解釈と人の解釈の違いに向かない。ここで「では式の意味を説明してもらいましょう。××君」といったら、子どもたちは「とたんにしぼんでしまう」だろう。そう苦心する教師に、Yという女の子の回答が思い浮かんだ。「8＋8＋8＋8＋8＋8＋8」と、ただ一人足し算を使っていて（しかも間違っていて）、まだ誰とも合体していない。「これだ、使える。」そこで教師は次のように発問する。

「どんな式にも、式の意味があるのよ。ゆかちゃんは一人になったけど、どう考えてこの式ができたのかしら。」

子どもたちは、一瞬はっとしました。

「ゆか、知らないもん。ただ書いただけだから。」この子どもはいつもこんな答え方をするのです。

私は、まったくがっかりしてしまいました。でもこんなとき必ず助け船があるのです。

（中略）

S　ゆかちゃんのは8が一つ多いよ。

T　そう。それはどういうこと？

さや華は黒板のところに出て来て、色板を八枚ずつ分けると六組あることを確かめながら、「8＋8＋8＋8＋8＋8」であることを説明しました。

説明が半ばまで来た頃に、「わかった」「わかった」という楽しそうな子どもたちの声があがったのですが、原田ゆかだけは、「ゆか、8が一つ多くったっていいもん」といってすましています。でも、とてもうれしそうな顔をしていました。子どもたちはようやく考えはじめました。

T　みんなの書いた式がこんなにたくさんあるけど、ゆかちゃんのは誰のと同じかしら、ゆかちゃんは一人じゃないよ、きっと。

C　……

T　式の形はちがうけど、ゆかちゃんと同じ考えの人がいないかしら。

Cたち　横田君の「8×6」と同じだ。

（中略）でも、横田は、ただ答えが48になるよう九九の表から「8×6」を写しただけだったのです。私はゆっくり原田ゆかの式をその上にのせました。こうすることによって横田をはじめただ九九の表からなんとなく書いただけの他の子どもたちも、原田ゆかの式を合体させることによって、九九の意味が明確になり、自分の考えがより確かになったようです。

子どものかけ算についての理解をどう押し進めるか。その問題についての教師の苦心が特定の子どもへの注意につながる。おそらく教師の中では、いつも「知らないもん」と答えてしまうようなこの子ども、自分にも他人にもあからさまには関心を示すことのない子どもにどう働きかけるべきかという問題意識が常にあったのだろう。子どもたちのかけ算の理解についての問題意識と、特定の子どもの他の子どもとの関わり方についての問題意識が、ここでは幸福な結びつきを持つことになる。

このような例にみるように、実践者の実践知は常に実践の場の全体へと向かう。教材の内容、それに対して子どもが行う認知過程といった教材理解の側面についての知識のみならず、個々の子どもの一般的な知的状態、個々の子どもの自己表現の仕方、他の子どもとの関係の持ち方など、抽象的な「子ども」ではなく今目の前で生きている子どもの全体についての知識がそこには存在する。さらにときにはその子どもの家庭環境、親の問題をも知ることが必要になるかもしれない。そうだとすると親たちとも交渉を持つことが必要になるし、親たちの生き方といったものにも目を向けることになるかもしれない。またときには他の教師たち、同学年を担当している教師や管理者とどう折り合っていくかについての知識も必要になる。実践者がどの程度それを意識しているかは別にして、このような場合、彼は一つの学校特有の問題を越えた日本の教師文化、日本の学校文化の問題に直面するだろう。それについての彼なりの経験、知識が、ここで必要になってくる。

このような実践者の実践知の特徴は、ランパートとクラークがいう実践知の状況特殊性ということにつながる。しかしここでは、状況の中にある実践者が引き受けなければならないものが状況の全体性であるという性質に特に注目して、全体性と名づけておこう。

これに対比すると科学の知は常に一面的である。それはこのような状況の全体の中から、例えば子どもの理解過程であるとか、子どもたち同士の人間関係といった一面を切り出し、抽象化して対象化する。そうして抽出したものを他の状況から切り出した同じ一面と関係づけることで、科学の一般化は行われる。

全体性をやりくりする力としての実践知

対象とすべき実践の場の複雑に絡まった網の目の中で、実践者は自分の問題をこの一部に局限することができない。問題を解決するために、彼はこの全体と関わらざるを得ない。そこに実践者にとっての実践の場の特質がある。したがって彼の知は全体的なものにならざるを得ない。もちろん全体のすべてが意識化されているわけではないだろう。どのように優れた実践者にとっても、そのことはおそらく不可能であろう。より正確にいえば、実践者の知は全体に向かうものだということになる。

このような複雑な全体の中で、彼はともかくも一つの授業を形作っていかなければならない。具体的な子どもの問題を解決していかなければならない。それも時間をかけることは許されず、その時々に瞬時のうちに最適解を発見していかなければならない。だがここで一つの困難が存在する。

それは全体を構成する様々な側面が必ずしもすべて同じ解を志向しないということだ。むしろ様々な側面が様々な、ときに矛盾する解を要請する場合の方が一般的である。ここの例でもみたように、教材と教材理解過程に関する知識からは、ある問題が教材を深く解釈させるために大きな価値を持たないと想定できても、目の前の具体的な子どもたちの状態からは、その問題の選択が必要になったりする。

ランパート（Lampert, 1985）は、このことを教室がジレンマに満ちた場であると表現する。だから教室内での問題は完全なコントロールが不可能であり、できるのは「切り抜ける（cope with）」ことだけである。言い換えれば、一つの（あるいは複数の）理論で明確な解決を与えることはここではできない。実践者は全体的なものとしての実践知の様々な部分を動員し、その場その場の問題に対して解をあくまでもその場その場のものとして作り出す。実践知とはしたがって全体についての矛盾に満ちた知識であり、矛盾に満ちた全体をやりくりしていくための知識である。

実践知の一人称性

このようなものとしての実践知にはもう一つ大事な特徴がある。それは実践知が一人称的なものであるということである。

ここでいう一人称性とは、実践知が独我論的な主観の知であるということではない。それは、実践知が「私」あるいは「私たち」としての実践者が「あなた」「あなた方」としての対象に向かうための知であるということである。それは〈私―あなた〉のモードで存在する。

実践者にとっては場が、そして場を構成する要素が「彼ら」としては存在しない。ときに応じて同僚の実践者が、あるいは子どもが、教材が、自分とともにある「私たち」という形で存在するし、ときに応じて「あなた」として、ただし常に友としてではなくときに応じて敵として存在する。実践者にとって全体的なものとしての場は観照の対象としてではなく、常に自分が向かわなければならない、あるいはともに何ごとかに向かう関係にある。言い換えれば実践者は実践の場の中において認知主体としてのみ存在しているのではない。認知＝行為主体として存在している。

認知＝行為主体として存在している実践者の実践知は、自分がその一部とともに、その残りの部分に向かい合うための知識である。それは「子どもとは一般的にいってこれこれの性質を持つ」という形ではなく、「目の前のこの子どもは私（たち）にとってこういう存在である」、したがって「私、あるいは私たちはあなた（子ども）に対してこうしたい」、あるいは「こうせざるを得ない」という形で存在している。斎藤（一九六九）が授業を豊かに作り出すための重要な要素の一つとして「教師の願い」をあげているのも、実践知のこのような性質によるのだろう。

そのような性質は、次のような授業の一場面に端的に現れる。

ある四年生のクラスの学級会の場面である。子どもたちはその日各自が行ったいい行動、悪い行動を互いにあげ、いい行動に対しては感謝し、悪い行動に対しては批判し、謝罪することを行っていた。その中で一人の子どもの行動が問題になった。その日はちょうど生徒会の選挙があり、クラスの一人の子どもがある役職に出馬したが落選した。その子が、選挙管理委員だった同じクラスの子どもが選挙結果の発表前に「お前に投票したのは少なかった」と悪口をいったと泣いて訴えたのである。これをきっかけに選挙管理委員だったその子に対する批判がほかの子どもたちからも続々と出てくることになった。ほかの子どもの一人は同じことをされたと訴えた。まったく違う件でほかの複数の子どもたちがその子を非難した。その子は袋叩き状態になってしまった。

ここで教師としてどのように行動すればいいのだろう。選挙管理委員として得られた得票についての知識をもらしてしまったこと、ほかの子どもに嫌みをいったことが許されないということをこの子どもに知ってもらわなければならない。嫌みをいわれた子どもたちに対してその子ども自身に謝ることをさせなければならない。しかしその子どもは今袋叩き状態になってしまっている。その子どもを追い込むことに彼が耐えられるか、教師にとってぎりぎりの判断が迫られる。

この例の場合では、教師はその子どもに厳しい口調で選挙管理委員として投票の秘密をもらしたことがいけないことであること、何よりも友だちに嫌みをいうことはいけないことであることを告げ、その子に嫌みをいわれたという子どもたち一人一人の前に行かせて頭を下げさせた。そしてほかの子どもたちに対し「これでいいね」と確認し、「これでいい」という返事を得た後で、彼が選挙管理委員としてこのところみんなのために遅くまで残っていかに大変だったか、みんなもそのことを理解してあげなければいけないと説いた。

このような教師の選択は「このようなケースではこうすべきである」といった一般的な命題によっ

ては支えられ得ないと思われる。「この」子どもは「今」このように追い込まれることに耐えられるか、「この」子にとって、このように追い込まれることが意味があるのか、今、目の前にいる「この」子についての知識が「私」としての教師の判断を支える。こういう場合、教師は一見子どもたちの上にいる第三者のように存在しているようにみえて、実はそうではない。教師はその中で「あなた」としてのこの子どもと対面している。「あなた」は追い込むことに耐えられるだろうか、「あなた」は「私」の選択を活かすことができるだろうか、という子どもとの対話が教師の内面には存在している。この教師が後に述懐したように、もしかしたら「私」の判断を「あなた」は理解してくれないかもしれない、「私」の判断が「あなた」を傷つけるかもしれない、という思いが、重く教師にのしかかっている。*

　＊　ここで紹介した事例は筆者が観察した西岡陽子の一九九七年七月一一日の授業からとった。

　これに対して科学の知は三人称的である。そのことは科学的な論文の記述において「私は考える」という語法ができる限り避けられ、主体の存在しない「と考えられる」という語法が用いられることに典型的に現れる。科学の知では対象は「彼ら」「それら」として、認識者としてのみ存在する主体とは切り離された三人称的なものとして描かれる。それが客観性に到達するための科学の方法の一つである。

　だからといって一人称性を持つ実践知が客観的なものになり得ない、独我論的な知というわけではないことについてはすでに述べた。実践知は実践者が実践者集団の中で自らの実践を提示し、反省し、批評しあうという形でそれなりの検証を受け、客観性を獲得していく。それは「私」の知が、「私たち」の知になるという形での客観性の達成である。

実践者の自己としての実践知

実践者が向かい合っている「あなた」として最も顕著な存在は、彼らが目の前にしている個々の子どもたちである。したがって彼らの実践知の中で例えば教材や教授法はその「あなた」にとってどういう意味があるのか、という観点から作られ、解釈され、そして語られる。

しかし子どもだけではない。実践の場の全体を構成する他の要素も実践者にとっては同じように「あなた」としてあるいは「私たち」として存在するのだ。例えば教材や教授法もそうである。これらもまずは「あなた」として実践者にとって存在し、そして「あなた」としての子どもにともに向かう「私たち」になる。

実践者にとって教材とはどこかよそのところで作られ、誰か第三者に伝達すべき情報といったものではあり得ない。たとえ教材自体は他で用意されたものであっても、それが実践者を通過するとき、それは実践者の解釈を経て初めて教材となる。そのとき、それは実践者の、意識しているかどうかは別にして生活史や人間観、それに支えられた美意識と独立には存在し得ない。

例えば身体表現を通して花や動物、ごみなどに『なってみる』授業の実践などで知られる鳥山敏子の場合をみてみよう（鳥山、一九八五ａ）。

この授業を、身体表現を通して子どもたちがイメージを生成し、それによって『なった』対象についての理解を深める授業としてみてみることは可能であろう（宮崎、一九九一）。あるいはまた、それをいろいろな方法で行われている演劇を通しての教育（Bolton, 1984）の一つとして理解することも可能であろう。しかしそのような見方はいずれも鳥山の授業の一面を取り出したものに過ぎない。というよりもそれは「鳥山の」授業ではない。

『なってみる』授業は、鳥山自身が竹内敏晴のレッスンを受ける中で経験してきたからだと心の変化に基づいている。その変化の過程については鳥山（一九八五b）に詳しい。もともときわめて熱心な教師であった鳥山が何人かの子どもたちとの関係の中で行き詰まりを感じ、模索する中で竹内のレッスンと出会い、それに全身全霊でのめり込み、主観的には「もう授業できない」というような時期を経つつ変わっていく。それを通して世界の経験のされ方が変わっていく。その中で得られるようになった「わたしのからだのなかのもの、無意識の世界のなかのものが（中略）私を動かしていく」という感覚、「日常生活の中ではけっして出会えないわたし」に出会うことができた経験がこの授業の基礎にある。

その自分の経験を子どもたちにも味わわせたい。そこから「鳥山の」『なってみる』授業は出発している。したがって彼女にとって『なってみる』ことによって対象を理解することはさほど重要なことではない。「ダイコンの種になっていきてみることによって、自分のからだに新しい感覚が生まれてきたり、閉じこめられていた感覚が動き出して（中略）それによってより豊かに命を輝かせて生きる力を取り戻していく」ことが「彼女の」目標なのである。

『なってみる』授業が鳥山個人のものであるということの意味にはまだ他の面もある。彼女の『なってみる』授業では、子どもたちは常に『なる』ものの誕生からほとんどの場合に死に至るまでの経過を経験する。対象がごみのような無生物の場合ですらそうである。これは、彼女が世界の中のすべてのものを私たち人間とつながる生命として捉えていること、そして子どもたちにもそのように感じてほしいと願っていることによっている。『なってみる』方法と同様に特徴的な鳥山の実践に、鳥や豚を屠殺し、一匹丸ごと食べてみる授業がある。『なってみる』授業はそのような授業を行う「鳥山の」授業なのだ。動物や植物が人間より劣っているわけではない、どんな生き物もたくさんの植物や動物の命に、さらに大自然の力に支えられている、と実感している鳥山（一九八五c）の授業なのである。

このようにみてくると、実践知の一人称性が、単に「こうしたい」といった形で知識を持っているという以上の意味を持つことが明らかになる。実践知は実践者の「私（たち）の」思い、「私（たち）の」センス、「私（たち）の」、どの程度言葉になるものかどうかに関わりなく、人間観、世界観と切り離すことができない。実践知とは実践者の「私（たち）」である。実践知を得ていくとは、実践者の、授業のみならず全人生が関わる自己が形成されていくことである。

2　心理学が実践に入るために

〈原理―応用〉図式

このような性格を実践知が持っているとして、そのような実践知が作り出す実践の場と心理学はどのように関わればいいのだろうか。

一つの、最も素朴な考え方は、〈原理―応用〉図式とでも名づけられるべき考え方である。科学としての心理学が理論を作り出し、それを実践者は実践の場に応用するのだ、という関係の持ち方である。第1章の佐藤の言葉を借りれば〈理論の実践化（theory into practice）〉ということになるだろう。

この図式の具体的な形としてはいろいろなものがあろう。研究者からの科学的研究に基づいた具体的な実践用プログラムの提案もあるだろう。そのような科学から実践への一方向的な関わりだけでなく、実践の中に発見された問題を取り出し、科学的研究の対象とし、得られた答えを実践に戻していく、というやり方もあるだろう。いずれにせよ、科学と実践の関係といったとき我々がまず思い浮かべるのはこの図式である。それは自然科学と工学技術との間にある関係として、この一世紀の間にはぐくまれてきた一般的な信念に支えられている。

自然科学と工学知識の間にある関係が真にこのようなものであるかどうかは別にして、こと教育の領域に関する限りこの図式がこれまで実際に機能していないことは明白である。そして実際の姿は別にしても、この図式を教育の領域に適用しようとすることには二つの大きな問題がある。

まず基本的にこの図式は、先に述べたような科学の知と実践知との違いを考慮に入れていない。そしてその違いから、この図式には基本的な難点が生じる。実践知が場の具体性に根ざした全体的なものであり、科学の知が一面的なものである限り、微分方程式にある初期条件を与えることで局所解を与えるといった意味での適用は不可能である。一面的なものとしての科学の知は全面的な知識を要する実践の場の中で途方に暮れざるを得ない。

科学の知を応用しようとするとき、その科学の知では扱われていない様々な他の側面との関係づけが問題になる。例えばある理解過程についての理論に裏付けされた教授法は、少なくとも目の前の子どもの今の状態、その教授法を実際に使っていく実践者の自己のあり方といった要因との幸福な結合があってはじめて実際に実践の場の中で生きたものになる。それら具体的な形で現れる他のすべての側面を科学的な知の形にしていくことは、それらの諸側面が切り離し不可能な全体的ネットワークの働きの結果として時々刻々変化するものである以上不可能である。

この図式をあえて遂行すれば、それは科学の知と実践知の双方をゆがめることになるだろう。しばしばみられるのは、いわゆる研究指定校での『研究』などで、ある理論が現場に具体的な形として取り込まれるとき、形式面だけが模倣され実質的にまったく異なるものになる現象である。

例えば言語の対話性、すなわち具体的な他者に向かって話しかけ、それを聞くことの理論的な重要性が強調された結果、実践の場では国語の時間に二人の話し手の会話パターンを模したテキストが準備され、子どもたちに二人の話し手の役割をとらせてそれを復唱させるドリル学習が行われたりする授業が一時よく行われたことがある。ここでは、具体的な二者の間の関係づけとしてあるべき対話が単なる口まねの作業に堕してしまっている。

このとき実践者を不勉強として責めることは一方的に過ぎる。子どもたちが対話についての豊かな経験を持つためには、国語の授業だけではなく、すべての授業の中での子どもたち同士の会話の質、子どもと実践者の会話の質を上げていかなければならない。それには個々の授業での、対話以外の面での質の深さが要求される。また実践者自身が一個の人間として、他者に話しかけ、聞き取る経験をどれほど持っているかということとも関わる。対話の重要性はこのようにいわゆる「対話」だけで切り出せるのではなく、他の様々な授業の側面とのつながりの中で存在している。科学がそのつながりから切りとった一面をそのまま実践の中に持ち込もうとするとき、実践者がこれら他の諸側面との複雑な関係をすべて考慮することは実際的にできない。実践者にできるのは切りとられた一面の形式的、機械的な応用ということにならざるを得ない。

もう一つの問題はこの図式の可能性に関するものではなく、その望ましさに関わる。この図式は単純化すれば、研究者を考える人に、実践者をそれにしたがって行動する人に分断するものである。これは実践者から知を剝奪することである。実践者が自ら研究者になれば実体的にはこの分断は解消される。しかし問題は解決されない。実践者は実践の場の中でたえず問題にぶつかることを通して一人称的で全体的な実践知を作り出す。それをある程度自覚化し、それに基づいてさらに実践を進める。結果として生み出された個々の実践知もさることながら、このように実践の中で知を作り出す実践者の力こそ、新しい実践を創造的に作り出す実践者の力である。〈原理―応用〉図式は実践者からこの力を剝奪してしまう。それは実践者が自らの声を育てる機会と力を奪う。先に述べたオープンスクールとピアジェ理論の関係はその一つの例になるだろう。

一方、心理学にとってはどうか。応用が真剣になされる場合、応用される理論にとってはこの図式からもそれなりに得るものはある。特に応用してみようとする過程で理論の中身の諸々が具体性を得、膨らむ可能性が重要であろう。那須（一九九七）のいう「すりあわせ」により、その意味で理論が鍛えられることがあるだろう。しかしこの図式では理論が枠組み、前提として与えられることになる。原理的にいって、理論を成立させる前提が問われること、そこから理論の根本的な問い直しがおこることは、ここでは難しい。

「思考のための食料」の提供

ではほかの関係づけの道筋はないのだろうか。科学の知と実践知とのそれぞれの特色を考慮に入れた関係づけはどのようなものであるべきなのだろうか。

もう一つの可能性が提案されている。ランパートとクラークやあるいは上記の那須（一九九七）などがいう、コンサルタントとしての科学、という位置づけの仕方である。ここではランパートとクラークたちの考え方をみることでこの立場を検討してみよう。

すでに紹介したように、ランパートとクラークは教師の実践知が状況的な知であり分節化されたりコード化されたりしていないとする。それは科学者が熟練した実践者の知を知ることができ、それを理論化したとして、そのまま初心の実践者に教えたとしても、実践者の対面する実際的な状況は多様なので役に立たないということでもある。そこから前でみてきたような〈原理―応用〉図式は無効であると結論される。では科学の知、研究者の位置づけはどういうものか。彼らはそれをコンサルタントであるという。

コンサルタントという名称は、しかしここで想定されている役割を表す言葉としては必ずしも適当なものではないかもしれない。それは、クライエントたる実践者が持ち合わせていない、しかし実際に実践に適用可能な知識を与える人、という意味あいを感じさせてしまうかもしれないからだ。だが彼らが想定している役割はそのようなものではない。想定されている役割は、実践者と実践知を刺激することにある。彼らの言葉を使えば、実践者のために「思考のための食料（food for thought）」を提供するということになる。「最良のコンサルタントはクライエントが局所的な問題状況の複雑性と格闘し続けるとき、（実践者が）考えるための興味深くもあり挑発的でもある何かを残していく人である」（Clark, 1988）というわけだ。それは実践での問題を実践者にかわって解決する人ではない。あるいは実践知にかわって具体的なプログラムや処方、あるいはそれを直接に生み出すことができるような科学的知識を提供するのでもない。ここで考えられている役割は、だからコンサルタントというよりはスティミュレーター・刺激者、とでもいうべきものである。

すでにみたように、ランパートとクラークは実践知が実践者によって持たれ、使用されているという意味では実践者にとって知られているものの、反省的な意味では知られていないと想定している。

それがここでの前提となる。したがって刺激者としての研究者の役割の大きな部分は実践者が無自覚的に持ち、彼らの実践を規定している暗黙の理論、思い込みについて、実践者が自覚的に考えていくための問いかけを実践者自身が生成していくことを刺激することである。そこで研究者の生み出してきた科学的知識や技法は、実践者の抱える問題に対して具体的な解を求めるためにというよりは、実践者の自己反省を刺激するために役立つものであるという。そのような技法として彼らは例えば発話思考（think aloud）法や構造化された授業記録の作成法をあげる。

実践者は科学に何を求めるか——神田橋の場合

だが本章ですでにみてきたように、実践知は決して無自覚的なものではなく、すぐれた実践者集団によって反省され、共有され、公共化されている。このように考える場合、刺激者という科学の知の役割は小さなものになってしまうのだろうか。逆の面からいえば、科学の知は実践者がすでに暗黙のうちに知っているものを明確にする以上の、積極的に何かを与えるという役割を持たないのだろうか。決してそうではない。刺激者としての科学のより積極的な可能性を探るために、ここで実践者の側が科学に何を求めているのか、一人の、自らの実践知についての自覚を持つ実践者による考察をみてみることにしよう。精神医学者の神田橋條治による、精神医学実践における科学の知の役割についての考察である。これは刺激者としての科学の役割について、クラークたちとは反対側の実践知の面から補完するものとなっている。

神田橋は徹頭徹尾実践の人である。その著作は精神療法における様々な実践知に満ちあふれている。その著作の一つ（神田橋、一九九〇）の第1章で、彼は精神療法を目指す人たちに必要な基礎のトレーニングを四つあげていて、その四番目が「理論の勉強」である。その中で彼が述べていることの一つは、自然科学の理論を学べ、ということである。自然科学の実験的手法では、まず仮説があり、それが実験にかけられ、実験の結果と仮説からの期待像の照らし合わせの中で仮説が修正され、確かさが濃くなっていき、次第に理論と呼ばれるようになる。その手順に親しむことが精神療法を志す人間にも必要であるというのである。

これは、いわゆる科学的方法を身につけよう、というような単純な提言ではない。むしろある意味では逆の面を持つ。すなわちこの姿勢で接することで「精神療法の世界で理論と呼ばれているものは、せいぜい仮説の位置に置かれるほどのものに過ぎない」ことを実感的に知ることが大切なのである。さらに大事なこととして、「理論の価値は新鮮な行動プランや新鮮な視点を生み出しうるか否かにある。（中略）新鮮な行動プランや視点は（それが出された）その時点ではただのアイデアに過ぎない。」理論は「物差し」でも「教条」でもあり得ないというわけである。

前記の引用のうちの「精神療法」を「心理学」に読み替えることは十分に正当化されることだと思われるし、そうしてみれば、ここで神田橋が述べている主張は今私たちが検討している科学と実践の関係づけの道筋であることは明白であろう。実践者にとって科学は絶対的なものではあり得ない。それは常に自分の実践の中で疑われ、相対化されて受け取られなければならない。

ところでこの一方で、神田橋は理論の学び方について、科学を相対化しようというこの提言と一見正反対の提言を行う。理論の勉強を始めるにあたって自分が学ぼうとする理論の選び方について、彼は「何となく気に入った」理論を選べ、という。これはいい加減に選べ、ということではない。自分にあった理論を探せというのだ。だから「気に入った」では頼りないと感じる人は理論の創始者の伝記を調べ、その「創始者の生い立ちや気質のなかに、自分と似通った部分を探し出し親近感が湧く」ものを探すべきだ。このようにして選んだ理論に、彼はさらに「溺れ込め」という。はじめから批判的に取捨選択するのではなく、すべてを「見境なく」吸収するべきだという。

一方では理論を相対化せよといい、他方では理論を全面的に信じよという。一見矛盾するこの主張は、しかし実践知のあり方を考えると決して矛盾してはいない。それは実践者の側での実践知と科学の知との関係づけのあるべき姿を描き出しているのだ。

科学の知は実践知にとってかわる、あるいはそれを支配することはできない。だがそれは、実践に対するヒントを与えてはくれる。何よりもそれは、実践に対する「新鮮なプランや視点」、つまりこれからの実践に対する新しい見方の可能性を与えてくれる。そのようなものではあるが、しかし実践の中でそれがたとえヒントとしてにせよあるためにも、科学の知は実践者と切り離された形では存在し得ない。どのような科学の知の中に新しい見方を見出すか、どのような科学の知を刺激者として仰ぐかということも、実践知の全体性の中で決まることである。特にそれは実践者の人間観、世界観、センス、まとめていえば実践者の自己のあり方と切り離されたところでは存在し得ない。だからこそほれこみ、溺れ込めることが、たとえ刺激者に対してであったとしても必要になる。

3　視点資源としての科学

原理ではなく視点を

ここまで行ってきた考察を踏まえて、ここでは科学の知を実践者に対してその実践と実践知に対する新しい見方、視点を与えるものと位置づけたい。これは科学の知を実践に対する具体的な処方箋や「解」を与える「原理」として捉える捉え方と対比される。

その一つの使われ方はランパートたちが述べているように、実践者が暗黙の理論としてある自らの実践知のありように気づくためのものである。ここでは実践者が無自覚的に持っている実践に対する視点を自覚させることになる。さらに自覚された実践知に対しては、刺激者としての科学の知は実践に対して実践者が持っている視点とは異なった視点を提供し、自らの実践を見直すためのヒントを与えることになる。さらに実践者が自らの実践知を発展させ、新しい実践を開発しようとするとき、視点を提供するものとしての科学の知はそのためのヒントを提供することが期待される。

どの場合にせよ、それは実践者がすでに持っている実践知を否定したり、置き換えようとすることをねらったものではない。それはそのままで尊重される。新しい視点の提供は、「あなたは自分の実践をこう見ているが、別のこういう見方もあるではないか」という提言である。その新しい見方を取り入れるか否か、また取り入れたとして具体的な処方箋を作っていくことは実践者に任せられる。

ところで実践者の方からみたとき、自分の実践に対する新しい視点は様々な知識体系から与えられ得るものである。実践知は子どもや実践の場といった対象についての知のみからなるのではなく、実践者の人間観、個人的信条などを含む。そこではしたがって哲学や歴史、文学といったものも重要な役割を果たし得る。科学の知は実践者にとってみれば自分の実践を見直し、あらたな発想を得るために利用可能な様々な資源の一つにすぎない。それは『科学』であることによって無条件に特別な位置を占めるものではないことが強調されなければならない。

このように視点資源として心理学を位置づけるとき、その心理学は教育実践を対象とするものである必要は必ずしもない。実践者にとって刺激的な新しい視点は、何も教育実践だけから生み出される理由はないからだ。だが教育実践を対象とすることにもそれなりのメリットはある。

その最も単純な理由の一つは、教育実践の中で様々に創造的な実践が生み出されていて、それが教育という領域を越えて人間の心の働きについて大きな示唆を与えてくれている、ということである。例えばすでに触れた鳥山敏子の実践はその一つだと思われるし、教授学研究の会の流れの中にもそのような可能性を持った実践は多く存在する。例えばその国語教育を対象にして、筆者自身が〈視点活動〉という心の働きを抽出してみたこともある（宮崎・上野、一九八五）。

創造的な実践を分析の対象として、その実践の全体性からある一面を切り取り、拡大し、強調する。科学として、一面化の作業を徹底的に行い、心の働きについての興味深い知見を得ていく。そのような一面化された知見は〈原理—応用〉図式によって応用されようとすれば実践を歪めるだろうが、全体性を引き受けその中に浸り込まざるを得ない実践者にとっては、その一面性が自らの実践を新鮮な目で見直すきっかけとなってくれるはずである。それは対象となった実践について知らない実践者たちにとってはいうまでもなく、対象となった実践に関わっている実践者本人たちにとっても、自らの実践を見直すための視点として働き得る可能性がある。

全体性の中のどの面に焦点を当てるかは個々の研究によって当然異なるべきことであろう。問題は一面性を抽出するためにどういう困難があり、それをどう克服するか、ということである。ここには様々な困難があり、それを克服するために様々な工夫が必要になるだろう。だがここでは特に重要であると思われる一つの点に注目してみたい。

実践知の中の自己を腑分けする

それは実践知が一人称的なものであり、実践者の自己と切り離せないという性質に関わる問題点である。すでに述べてきたように、実践知は「私（たち）」の思い、センス、人間観、世界観と切り離しがたく存在している。というよりも、それらは実践知の欠くことのできない一部であり、全体性としての実践知の一部でもある。心理学が実践を対象とし、そこからある一面を切り取ろうとするとき、この実践知における自己の部分を腑分けし、できる限り明確化することによって、実践の基盤となっている実践者の自己を越えていかなければならない。そのことによってのみ、実践からの一面化、一般化はその実践者自身にとっても新鮮な視点を提供しうるものとなる。

例えば2節で紹介したような鳥山の『なってみる』授業を、素朴な意味で一般化することは難しいことではない。どのような経験に基づいて作られたものにせよ、授業を繰り返す中で自ずとある段取り、パターンが生じてくるし、そのパターンを取り出し一般化すればいい。佐藤のいう〈実践の典型化としての理論（theory through practice）〉とはこのような方向であろう。

実はこの手法は教育学、民間教育運動での授業研究で一九五〇年代から六〇年代にかけて盛んだったものである。教育科学研究会、いわゆる教科研が、「すぐれた実践の一般化」をモットーとして掲げ、すぐれた授業の発見とその「典型化」による一般化が目指された（勝田、一九七二）。

このような運動がそれなりの成果を生み出さなかったわけではない。だが基本的なところでこの方向には大きな問題がある。

この手法は結局〈原理―応用〉図式に戻ってしまう。原理の取り出し場所がすぐれた実践であるというだけの違いである。したがってこの手法には〈原理―応用〉図式の問題点がすべて当てはまることになる。しかもそれだけではなく、原理の出所が実際の実践であるだけに問題はますます大きくなる。

それはあくまでも「鳥山敏子の『なってみる』授業の定式化」にとどまるのだ。それゆえそれは鳥山敏子の自己に色濃く染められていて、鳥山とは異なる個人史、自己観、世界観を持つ他の実践者にとっては、そこから何かを直接的に学ぶことはきわめて困難である。仮に他の実践者がそこから学ぼうとしても、自分の中に第二の鳥山敏子を作り出そうとする無理な、そして意味のない行為、機械的な模倣に終わってしまうだろう。あるいはその授業が自分にとって持ちうる潜在的な可能性に注目する以前に、「私には不可能だ」とあきらめさせることになったり、「自分には合わない」と捨ててしまうことになるだろう。

逆に学ぶことが成功したとして、また別の問題が生じる。それは第二、第三の鳥山敏子を生み出すことにしかならない。言い換えれば同じような自己観、世界観を持った閉じた集団を作り出してしまう。つまりそれは前に述べた実践知の陥りがちな特質としてのたこつぼの中への閉じこもりを招くことになる。このことはこの手法が提唱された当時すでに意識されていて、「なかまとは閉鎖している徒党ではない」（勝田、一九七二）といわれたけれども、実際の歴史的な推移はその自戒が無意味であったことを示しているといえよう。

したがって、例えば『なってみる』授業を、身体表現を通しての教材理解のための手法としての面を捉え、一般化したりその背後の一般的な心理学的原則を探ろうとするとき、研究者は右に述べたような鳥山の実践知の中の自己を知り、明確化しなければならない。そして簡単にいえばそれを切り離して、自らの求める一面を取り出さなければならない。ただし切り離すというのは誤解を招く言い方かもしれない。このような自己を持った鳥山の場合にはこのような形態の授業を生み出し、異なる自己を持つ他の実践者の場合にはまた違った形態の授業を生み出すような何かを切り出してくること、それがあるべき一面化のやり方である。切り離すというよりは、個々の実践者の自己を越えることがここで必要なのである。

このような一面化が、例えば鳥山の場合に可能であるかどうか、『なってみる』授業の中に、鳥山の個性とは独立に、しかも意味のある心理学的原則が見出されるかどうか、それは前もって保証されていない。もしかしたら、一面化によって鳥山の『なってみる』授業は死んだものになってしまうかもしれない。しかしそれが幸いにして可能であり成功するとすれば、その結果生み出された心理学的理論は他の実践者にとって自らの実践の参考としやすいものになるだけでなく、自覚した実践知を持つ実践者本人にとっても新鮮な見方を提供するものとなるだろう。それは実践者にとって、実践知の一人称性の持つ問題点を越えることを可能にする。

実践に入る二つのモード

では個々の実践者の自己はどのようにすればよく越えることができるだろうか。例えば一つ考えられるやり方は、対象とした実践に対してそれとは異なる実践者による、表面的にはまったく異なる、しかし同じように豊かな実践をぶつけてみることであろう。比較の中で表面的な異同を越え、底に流れる本質的な同一性を発見しようとすることが、比較された実践者たちの実践知の中にある自己を発見することを比較的に容易にするだろう。

まだほかにもやり方はあるのかもしれない。だがおそらく、このようなやり方を探し、数え上げ、定式化していくことにはあまり意味がない。根本的なことは、一つ一つの実践を対象とするとき、研究者が実践知の中の自己と、というよりも全体的なものとしての実践知と、一人称性のモードで全面的に触れ、それに浸ることではないだろうか。そのような作業を行っていく中で、実践知の中の自己を越える道筋は自ずと、様々な形で、発見されていくのではないか。

このことは、研究者が実践を対象として研究しようとするとき、矛盾する二つの態度をとる必要があることを意味する。研究者として、彼は実践を対象とし、分析的な態度でそれに臨む。だがそのとき同時に、彼は実践とそれを作り出す実践知に「浸る」ことが必要である。

このような二つの態度は研究の時間軸上での最初の段階、すなわち観察し、データを取る段階から必要になるし、また潜在的には実際にも存在していることが多いと思われる。例えば次のような、筆者の経験に基づいてはいるけれども架空の二つの事例をあげてみよう。

ある自由保育の養護学校で

数人の子どもたちが養護学校のプレールームのあちこちでいろいろな活動を展開している。自由保育なので子どもたちの活動は一見バラバラであり、子どもたち同士の関係は一見ないようにみえる。何人かの保育者たちはその子どもたちの中にとけ込み、それぞれ子どもたちと関わっている。

部屋の片隅にノートと鉛筆を手にして研究者が立っている。その横には助手がビデオカメラを構えて立っている。彼らの対象は特定の保育者であり、その保育者が自由保育の中で障害を持った子どもとの間でどのようにして関係を作っているのか、どのようにして子どもの活動を支え、作り出しているのか、そのためにその保育者がどのような言葉かけをし、どのような身体的働きかけをしているかを知るのが観察の目的である。ちょっと距離をおいた部屋の隅から、研究者は一心に保育者と彼が関わっている子どもを見ている。言葉かけや身体の動きの細かい部分を記録しようとするために研究者がノートに向かう時間はどうしても長くなる。ときどき研究者は小さな声で助手にビデオの取り方について指示している。他の子どもたちや保育者たちの動きも研究者の視野には入っているが、その動きが彼の関心の対象になるのは観察対象としている保育者と子どもと関わりがあるときだけであり、今この場ではそのような関わりがほとんどないので他の子どもや保育者の動きには彼はほとんど注意を払う必要がない。

他の子どもが彼のそばに来て、さわろうとする。無視するわけにもいかない。少しの間、その子どもと関わる。しかし研究者の関心はもっぱら観察対象にある。早く行ってほしいと思いながら、ちらちらと観察対象の方に目を向け、その子どもと関わる。すぐ子どもは離れたので、やれやれと思いながら観察を続ける。

別の養護学校で

別の養護学校、今回は公立で授業形態は普通の小学校に全体としては似たものである。研究者の目的は、前回と同様特定の保育者の子どもに対する働きかけ方を知ることにある。授業の組み方や保育者の働きかけ方の表面的な形態は普通の小学校に類似しているが、養護学校として決定的に違うものがある。なにがその違いの大事なところなのか、研究者にとってまだはっきりしておらず、彼はなんとかそれを保育者と子どもの具体的なやりとりのレベルで感じとりたいと思っている。それが理由の一つなのだが、今回研究者はビデオを持たず、どこか一点から観察するのでもない。時に応じて子どもとともに活動し、あるいは保育者の手伝いをする。ときどきメモを取りはするが、個々の行動、言語表現までは記録できない。小学校高学年のクラス、子どもたちは六人いて保育者は三人である。

朝の挨拶の時間である。研究者が追っている保育者が教室の前の方に立ち、子どもたちの机がその教員から距離を置いて横一列に並んでいる。ほかの保育者は子どもたちの後ろに立っている。研究者はここでは子どもたちの横に椅子を置いて座って保育者の方を見ている。保育者が「おはようございます」という。ある子どもははっきりと返事を返すが、言葉にならない子どももいる。保育者は何回か繰り返す。後ろの方にいた保育者が言葉にならない子どもの横に来て励ますように「おはようございます」という。保育者が繰り返す間、研究者も子どもたちと同じように返事を繰り返している。研究者に、保育者がなんとか『学校』の形を守りたい気持ちを持っていることがひしひしと感じられる。

そのうちに一人の子どもは教室から外に出てしまい保育者の一人はそれを追っていく。別の子どもが壁際にある本棚から絵本を出して見ようとする。保育者の一人がそれに対応する。残った子どもたちを相手に前にいる保育者は朝の挨拶を続け、今日の予定などを子どもたちにいわせようとしている。研究者は横にいる子どもの方に向かい、保育者のいったことを繰り返したり、言い替えをしたりして、その子どもが答えるのを助けようとしている。子どもの反応は鈍い。保育者と研究者の働きかけに子どもが注意をまったく払っていないわけではないが、ほとんど関心がないと感じられる。

このような二つの観察のモードの存在は、実践の場の中に入る研究者ならば多少とも常に感じていることであろう。この二つの違いを参加観察における参加の度合いの違いというのは間違いではないが、それではいささか表面的な理解にとどまる。違いは研究者の存在の仕方、その人称性にある。

前者では研究者は教師や子どもと経験を共有することを避ける。「そこに」あるであろう経験を、研究者は「行動」や「言語」記録に還元していこうとする。それは研究者の持つ理論の編目を通して行われる。研究者はここで三人称の存在としてある。

後者では研究者は教師や子どもたちの経験の世界の中に入っていく。世界についての知識を増やしていく中で、教師なり子どもなりの持つ経験により共感していく。もちろん、背後にあるものは違い、教師や子どもと同じようにその世界を経験するということはないだろう。だがどちらにせよ、ここで研究者は教師や子どもと〈私―あなた〉の関係において存在している。その意味では常に経験を共有している。ここでは研究者は一人称の存在としてある。

二つのモード間での「いきつ戻りつ」としての研究

前者のモードでは研究の当初の目的との関係で個々の行動や言語表現についてより『正確な』データを得ることができる。だが往々にして全体の流れや雰囲気や、行動なり言語なりの持つ表情は失われがちである。それ自体として興味深い出来事がおこっていても、それと目的との直接的な関係がその場で感じられないとついつい見逃されてしまうこともある。

後者のモードではその逆に、様々に興味深い出来事が印象として研究者の中に残っていく。全体の雰囲気、教師や子どもたちの内面で生じていることが感じとられる。だがそれらは往々にして言語化しにくいだけでなく、おこった出来事が全体的な雰囲気や特に印象に残った行動や言語の持つ表情としては記憶されても、その雰囲気や印象をもたらした行動そのもの、言語そのものは失われてしまうことが多い。個々の印象に残った行動や言語にしてもその場の雰囲気に覆われていて、はたしてそれらの行動や言語が本当にその通り出現したかどうか、確信が持てなかったりする。あるいは実践の場の全体性に圧倒され、関心がそれに引き回されて、研究者として入る当初に対象としていた事柄がどこかに置き去りになったりする。

この二つのモードを、研究者は葛藤として感じる場合が多い。自ら実践者として一年間学校で授業を行った数学教育研究者のウォング（Wong, 1995）の報告している次のようなエピソードはその葛藤の典型的なものかもしれない。算数を教えていて子どもからある反応があったとき、数学研究者としての彼はさらに発問を加え、その子どもの反応の意味を明らかにしたいと考えた。しかしその子どももまた他の子どもも、そこで発問を続けることに対して退屈したり、もう考えたくないという態度を示してしまった。子どもと〈私―あなた〉の関係にある教師として彼はそれ以上の追求を断念せざるを得なかった。そこで行おうとした発問は実験的方法におけるいわゆる統制の意味を持つものであり、研究者として子どもの理解過程をみようとする彼にとっては必要なデータを産むためのものであった。しかしその研究者としての入り方と教師としての入り方が、ここでは真正面から衝突してしまったのである。

このようなとき、我々はどちらか一方のモードを切り捨てたくなる。しかしおそらく、我々は研究者としてこの葛藤をそのまま引き受け、二つのモードの間をいきつ戻りつしながら実践の場に入り続けることが必要なのではないだろうか。

三人称のモードで存在するとき、研究者は研究者としてねらいを定めた一面を抽出しようとつとめ、自らの理論をより確かなものとして作り出そうとしていく。一方一人称のモードでは、自らの理論を固めていくというよりは実践と実践知の全体性に巻き込まれ、それを感じとる働きが主となる。理論的な枠組みは往々にして解体される方向にいく。

このような二つの方向へのいきつ戻りつを行うことは、研究者としてねらいを定めた一面が実践と実践者の実践知の全体性の中でどのようなものとして存在しているのかということを感じとることを可能にすると思われる。そして抽出しようとする一面を全体性の中で実際に働いている形で知ることは、その一面が実践者個々人にとって持っている意味の対象化を導く。一方で、ある一面を自らの理論によって抽出し普遍化しようとし、他方その一面を全体の中で生き、感じることで、研究者はその一面を実践者のものとしている契機、実践者の世界観、価値観、すなわち実践者の自己のあり方と出会わざるを得ないのである。

さらにいえば、このいきつ戻りつの活動は研究自体にとっても意義を持つ。それは研究者が持ち込む理論をたえず問い直すきっかけを与えてくれる。自らの理論が実践と実践知の全体性と関わる中でたえず解体の危機にさらされることを通して研究者は自らの理論的枠組みを相対化することを迫られる。それは時には自らの理論では覆えない事実に気づき、理論を拡大したり、他の理論枠組みを再評価したり、あるいは新しい理論枠組みを創出することにつながる。

このように考えると、この二つのモードは観察の段階だけではなく、研究の全段階において必要なこととなるだろう。研究者としてねらいを定めた一面性を抽出し、自らの理論を固めていく方向と、それを実践と実践知の全体性と関わらせる中で自らの理論を根本から再評価していく方向と、この二つが常に存在していることが必要だろう。その二つの方向は観察の場において典型的にそうであるように矛盾したものであり、それを遂行することは葛藤を経験することである。だが研究にとって、この矛盾する二つのモードを矛盾のまま生き、引き受け、自らの中でたえず関わらせ続けることが不可欠なのである。

研究者の根底を揺さぶる場としての実践

ここで重要なのは、この一方のモードを科学的な活動として、もう一方のモードを科学的活動でない何かとして、捉えてしまわないことである。実はこの二つのモードを引き受け、生きることこそが科学的な研究を行うということなのである。

例えば前記のウォングを批判してウィルソン（Wilson, 1995）はウォングの問題が生じたのは彼の研究観が統制を絶対条件とする古いものであるからだという。ウィルソンの、そして最近のアメリカの教育研究者のある部分が採用する解釈学的な方法ならば全体を捉えることができるので、このような問題はおこらないのだという。だが事情は、ウィルソンがいうよりももっと根源的であり、特定の方法の問題ではないように思える。

ここまで、科学を一面性と三人称性という点で実践知に対比的なものとして描いてきた。しかしこの二つの特徴は、実は科学の目指すもの、その成果のとるべき形態なのである。科学の研究も活動としてはそれ自体一つの実践であり、したがって研究という最終成果が生み出される活動においてはここで実践者の実践知として描いてきたものと同種の知が大きな役割を果たす。このことは、例えばポランニー（Polanyi, 1958）がつとに指摘していることである。彼によれば科学者の研究活動の基盤にはたとえそれが自然科学の場合であろうとも研究者のパッション、美的感覚、知的なコミットメント、すなわち彼の価値観が、暗黙の形で存在している。それが研究者の研究活動を支えているのである。その意味で、実践としての科学研究の中にも一人称性のモードの知は存在する。教育実践の場の中に〈私—あなた〉のモードで入り、実践者の実践知と関わることは、科学とは異なる何かを行うことではなく、それ自体科学的研究活動である。

ところで実践の場の中で実践者の実践知と出会い、実践知の自己性、その世界観、価値観を知ることは、研究者自身の持っている知における自己性、その世界観、価値観を明確化することを導く。例えば鳥山敏子の授業と〈私―あなた〉のモードで関わり、鳥山の個人的な世界観、価値観を感じとることから、鳥山のそれとは異なる自らの世界観、価値観を発見することがおこるかもしれない。それは例えば知的理解の重要性についての考え方の違いだったりするかもしれない。同じ現象を重要であると感じながら、しかし存在するこの違いが、例えば研究者個人が知的理解と考えるものの内実のあらためての検討と対象化を要請するかもしれない。

実践の場で実践知と〈私―あなた〉のモードで出会うことが個々の理論の再吟味を導く可能性についてはすでに述べた。だが実践の場に入ることにはそれ以上の意味があるのだ。それは個々の理論を越えた、それを支える研究者の考え方、価値観、世界観をたえず問い直し、わずかでも明確にしていく働きを持ち得る。教育実践の場を研究の対象にすることの、心理学にとっての最も大きな意味が、ここにある。

文献

Benner, P. 1984　*From novice to expert: Excellence and power in clinical nursing practice.* Addison-Wesley.　井部俊子・井村真澄・上泉和子（訳）　一九九二　『看護論――達人ナースの卓越性とパワー』医学書院。

Benner, P., & Tanner, C. 1987　How expert nurses use intuition. *American Journal of Nursing*, **87**(**1**), 23-31.

Bolton, G. 1984　*Drama as education: An argument for placing drama at the center of the curriculum.* Longman.

Clark, C. M. 1988　Asking the right questions about teacher preparation: Contributions of research on teacher

thinking. *Educational Researcher*, **17**(**2**), 5-12.
Clark, C. M., & Lampert, M. 1986　The study of teacher thinking: Implications for teacher education. *Journal of Teacher Education*, **37**(**5**), 27-31.
Dreyfus, H., & Dreyfus, S. 1986　*Mind over machine*. Free Press. 椋田直子（訳）　一九八七　『純粋人工知能批判』アスキー出版局。
Edwards, D., & Mercer, N. 1987　*Common knowledge: The development of understanding in the classroom*. Methuen.
Greeno, J. M. 1997　On claims that answer the wrong questions. *Educational Researcher*, **26**(**1**), 5-17.
Hutchins, E. 1995　*Cognition in the wild*. MIT Press.
稲垣忠彦（編）　一九八四　『子どものための学校——イギリスの小学校から』東京大学出版会。
神田橋條治　一九九〇　『精神療法面接のコツ』岩崎学術出版社。
勝田守一　一九七二　『勝田守一著作集第三巻　教育研究運動と教師』国土社。
川島環　一九八四　「炭火の積み上げを求めて」『第二期教授学研究』第四号、一二〇—一四三ページ。
Lampert, M. 1985　How do teachers manage to teach?: Perspectives on problems in practice. *Harvard Educational Review*, **55**(**2**), 178-194.
Lampert, M., & Clark, C. M. 1990　Expert knowledge and expert thinking in teaching: A response to Floden and Klinzing. *Educational Researcher*, **19**(**5**), 21-23.
Mehan, L. 1979　*Learning lessons: Social organization in the classroom*. Harvard University Press.
宮崎清孝　一九九一　「授業の中のイメージ」、『現代のエスプリ』二七五、七二—八二ページ。
宮崎清孝・上野直樹　一九八五　『視点』（認知科学選書1）、東京大学出版会。

宮崎清孝・佐藤達哉・やまだようこ・斉藤こずゑ・落合幸子・南博文　一九九七「フィールドワークの実際——フィールドの人々との関係の取り方をめぐって」日本心理学会第六一回大会。

那須正裕　一九九七「教育現場の歩き方——作りながら知る」、やまだようこ（編）『現場心理学の発想』新曜社。

落合幸子・築地久子　一九九四『築地久子の授業と学校作り1』明治図書。

Polanyi, M. 1958 *Personal knowledge.* Routledge & Kagan Paul. 長尾史郎（訳）一九八五『個人的知識』ハーベスト社。

斎藤喜博　一九六九『教育学のすすめ』筑摩書房。

鳥山敏子　一九八五a『イメージをさぐる』太郎次郎社。

鳥山敏子　一九八五b『からだが変わる授業が変わる』晩成書房。

鳥山敏子　一九八五c『いのちに触れる』太郎次郎社。

Wilson, S. M. 1995 Not tension but intention: A response to Wong's analysis of the researcher/teacher. *Educational Researcher,* **24** (**8**), 19-21.

Wong, E. D. 1995 Challenges confronting the researcher/teacher: Conflicts of purpose and conduct. *Educational Researcher,* **24** (**3**), 22-28.

吉田章宏　一九七五『授業の心理学をめざして』国土社。

3章　心理学を実践から遠ざけるもの――個体能力主義の興隆と破綻

石黒広昭

1　心理学と教育実践

この章で私は教育実践と心理学がどのような関係にあるのか議論したい。かつてオールポートは「教育の現場は心理学の成果の見せ場」(Allport, 1955, 邦訳 p.10) であると言った。これは現在も変わっていない教育現場と心理学の関係を的確に表したものであると思う。くり返しくり返し、心理学はいかに教育現場に貢献できるのか、学会をはじめ様々な場で議論される。その前提にあるのは、現在はまだ心理学の教育現場に対する貢献は不十分であり、さらにどうすればより貢献できるのだろうかという問いである。これは「理論の実践化」(佐藤、一九九六) が容易になるような理論を心理学は要請されているのだという認識を表明したものである。しかし、はたしてそうなのであろうか。こうした認識においては、心理学という科学と教育実践は非対称的であり、心理学が教育実践にその理論を伝え、利用されるものとして両者の関係が描かれている。これはよく指摘されるように、科学コミュニティの現場コミュニティへの「文化侵略」(Freire, 1968) を当然視する基礎—応用図式を下敷きにしている。

これに対して、最近では、様々な日常実践の研究 (Rogoff & Lave, 1984 ; Lave, 1988 ; Chaiklin & Lave, 1993) から、それぞれの実践がそれぞれのコミュニティを単位とした絶え間ない意味の交渉の過程であり、実践者はその中で、豊かな理論構成を行っていることがわかっている。教育実践において、「実践の中の理論 (theory in practice)」(佐藤、一九九六) が強調されるのもこうした動きと連動していると捉えることができよう。しかし、現在でも、学会のシンポジウムの題目などに端的に表明されているように、教育実践と心理学の関係において「心理学理論を教育現場に応用するのだ」という認識は変わっていないように思われる。なぜなのだろうか。私がこの章において問いたいことはこのことだ。現在、これほど、実践の研究が盛んになってきているのにもかかわらず、なぜ今も心理学と教育実践の間では「理論の実践化」が目指されているのだろうか。

教育実践には様々な「専門用語」がある。例えば、学校でよく行われる公開研究会の冊子の中には「めあて」「ねがい」「手立て」「学習活動」「支援」「個への対応」など、教育実践独自の術語があり、それは日常用語とも異なり、それぞれの教育実践のコミュニティの中で理論負荷 (Hanson, 1958) された言葉となっている。それ故、それらを心理学的な言葉に対応させるのは必ずしも容易ではない。そうなると、相対的に自律している教育実践コミュニティが教育に関わる心理学理論を無条件に受け入れているとは考えられない。つまり、何もないところに心理学理論がはめ込まれていき、それらが利用される場としての教育実践とはなっていないはずだ。ところが、心理学者はその実践に直ちに応用できる理論の開発を目指し、教育実践の側は「最新の学習理論を教えていただき現場に役立てたいと思います」と言って心理学者に講習や講演の依頼をする。

心理学理論の中の言葉と教育実践の中の言葉が異なるということは、それぞれ相対的に独立した世界であり、そのすりあわせには、相当の努力が必要であるということだ。それにもかかわらず、「理論の実践化」が心理学の側でも、教育実践の側でも同じように、相変わらず自明視されているのはなぜなのだろうか。私は、そこには二つの理由があると考える。一つは、教育実践の中で語られている人間やその活動を捉える基本的な眼差しはその深層において、実証科学としての心理学と共通しているからである。この共通に人間を眺める枠組みを私は「個体能力主義」と呼ぶ。学校では個体の能力を改善したり、向上させることが求められる。メインストリームにある科学的心理学も個体の能力をターゲットとして研究を進めている。そして現場と科学との非対称的な関係は、両者の共通性を背景に、心理学が現場の処置を「正当化」するための道具として期待される。これが「理論の実践化」が自明視される二つの理由である。学校は人間が集う場であり、当然様々な人間に関わる「問題」が生じる。そうした「問題」は現場では多くの場合、「誰かの問題」として理解され、それに基づいて解決がはかられる。こうした措置を私は「問題の個体化」と呼ぶ。現場と同じ個体能力主義をとる心理学は、そうした処置に科学的な正当化を行う。私は本来人間に関わる「問題」はまず関係の歪みとして理解されるべきであると考える。しかし、個体能力主義を前提にすれば、学校で生じる様々な人間に関わる問題は、子ども個人の問題か、教師個人の問題として語られ、心理学はその問題を科学的に説明し、科学的に処置する道具として期待され、利用される。こうした場では、そもそも「問題とは何なのか」という問題に直接関わる当事者たちの基本的なつぶやきは無視され、不必要なものとして扱われてしまう。「現場の問題を解決する」ことが期待されるカウンセリングもこの構図の中にはまりこむときには、「問題とは何か」と現場の当事者が自分たちの在り様を問う機会を喪失させ、その具体的な状況から「問題」を引きはがしてしまう危険性がつきまとう。

「理論の実践化」は、単に科学的認識の日常的認識に対する優位を嘆いたり、学校実践者や心理学者の偏狭性を批判することによっては克服されない。こうした現状がもたらされているのにはそれを必然とする歴史があるからだ。我々は、その歴史を振り返る必要がある。そこで、以下の節ではまずはじめに、この個体能力主義とそれに基づいた問題の個体化について議論し、自明視されているこうした認識の問題点を暴き出したい。次に、問題の個体化を克服する方法についていくつかの提案をしたい。最後に心理学と教育現場の不幸な出会いをどのように変えていくのか、どうすればお互いに他方の存在がそれぞれの理論を揺さぶるような対話的関係が可能になるのか心理学の側からその課題を考えてみたい。

2　個体能力主義

教育現場では、それが学校であれ、塾であれ、一番の関心事は個人の能力（ability）がどうなのかということである。それは学業達成度（achievement）かもしれないし、社会的な能力（skill）かもしれない。いずれにしても個人が達成したり、所有しているものがそこでは問題なのである。他方、心理学は心の科学であるとよく言われる。その心は個人の内にあるものだともよく言われる。そうなると自明のこととして個人こそが心理学の分析単位となってしまう。どちらも個人の能力を取り上げるのが当たり前のようになっている。このことについて考えてみよう。

学校的学習

教育の現場では心理学に関わる概念はどのように捉えられているのであろうか。ここでは教育において重要な概念である学習を考えてみよう。レズニック（Resnick, 1987）は学校が日常生活や仕事の場とは異なる特別な空間と時間を提供しているとした上で、学校的学習がその他の日常的な学習と異なる点を四つあげている。その一つは、学校外の学習では共同作業者の間の共有された認知（shared cognition）が重視されるが、学校では個人の認知（individual cognition）が問題とされる点である。学校でもグループワークは奨励されるが、最終的には個々人が独力で何ができるのかが問題とされる。

二つ目は、学校外で何か作業をするときには、利用可能な道具は経済的な理由以外で制限されることはあまりないが、学校では道具を使わない純粋な精神操作（pure mentation）が重視されるという点である。教育現場においては電卓やワープロ、コンピュータの利用がそのときどきに議論され、実際に教育の中で用いられることになるのであるが、学習の成果を評価するような「重要な局面」では、そうした道具はそれ自体の学習が問われるのではない限り、使用を制限されるのが普通である。

三つ目の違いは、学校外では状況に応じた様々な文脈的推論（contextualized reasoning）がなされるが、学校においてはシンボル操作（symbol manipulation）が重視されるという点である。例えば、チーズを使って料理を作るとき、通常であればチーズをカップの$2/3$使うのであるが、ダイエットをするためにさらにその$3/4$に減らして使いたいような場合があるとしよう。そのようなとき、ある男性は$\frac{2}{3}\times\frac{3}{4}=\frac{6}{12}=\frac{1}{2}$などとシンボル操作をしてから、チーズを利用するのではなく、まずチーズを$2/3$量ってから、それをだいたい丸くなるように広げて、それを四つに切って、そのうちの三つを利用したそうだ（Lave et al., 1984）。つまり、彼はチーズの丸くしやすい特質に依拠しながら、いわば行為によって計算したことになる。ところが、学校ではシンボル操作を重視するので、子どもたちに数字を示して、それを含んだ文章題を作るように求めると「四つのりんごと八つのなしをかけたらいくつになるでしょう」のような非現実的な問題を作ってしまうという（佐伯ら、一九八八）。

最後は、学校外では状況に固有な能力（situation-specific competencies）が重視されるのに対して、学校では一般化された学習（generalized learning）が重視される点である。これは学校教育の存在意義の根幹に関わることである。学校でまず一般的な基礎的学力をつけることによって、卒業後それぞれの進路で、学校で学んだ知識を応用することができると考えられている。ところが、学校外の学習はきわめて状況依存的で、それぞれの状況に固有な知識が学ばれている。実は、学校で学ばれることもそれぞれの学校や教室という状況に固有な知識であり、それは他の状況に簡単に転移（transfer）するようなものではないことがわかっている。レイヴ（Lave, 1988）などはこれまでの心理学的な学習の転移研究を概観した上で、実際には学習の転移など生じないというラディカルな主張をしている。

さて、以上のレズニックによって学校的学習の特徴としてあげられたものを整理してみると、学校教育では、「個人が道具などの外的補助資源を用いずに、頭の中で純粋にシンボル操作をすることによって、汎用的な知識を学ぶこと」が目指されているということになろう。これは、状況的な資源や社会歴史的な人工物（artifact）に頼らず、いわば「裸の個人の能力」を高めようとする見解である。教師が「今は人に聞いていればいいかもしれないが、学校を出たら何でも一人でやらなくてはならないんだぞ」と言うように、「依存から自立へ」と向かう発達観がそこにはある。これは孤島で一人生きていくことを前提としたならば、一見説得力がある見解と思えるかもしれない。しかし、ちょっと考えてみればわかるように、どのような孤島でも何かしら役に立つ（available）資源はあるはずで、何も使わずに生活をしていくことは考えられない。こうした見解は、皮膚を境にした個人という生体の能力をいかに高めるのかを教育の目標として設定していることから、「個体能力主義」と呼ぶことができる。日本では、最近「個に応じた教育」や「主体的な学習」が一斉授業を中心としたかつての教育に対するアンチテーゼとして叫ばれているが、学校はかつても今も個体の能力の増進を目指しているという点では本質的に変わっていないのではないだろうか。

「本質主義」の心理学

個体能力主義は、実は心理学の主流の認識論でもある。近代心理学において行動主義から認知心理学へのメインストリームの移行がどのような苦しみの中でなされたのか、あるいはそれがいかに画期的なことであったのかは、「認知革命」(cognitive revolution)を辿るガードナーの*Mind's new science*(Gardner, 1985)の議論や外的で行動的に「できる」ことだけでなく、「わかる」ことや「理解」を心理学的に研究することが可能になったことを私的に振り返った佐伯(一九八五)の議論に見ることができ、その差異を強調することは重要である。その一方で両者は個体の行動、個体の認知を主要な分析単位としていた点では、共通性があると言える。「彼が何をできるのか」と「彼が何を思うのか」という命題を比較したとき、そこには述語の差異があるが、同時に、結局「彼」という個人が主要な分析単位とされているという共通性があることを見逃すわけにはいかない。

レズニックは『教授のための算数の心理学(*The psychology of mathematics for instruction*)』(Resnick & Ford, 1981)という本の中で、刺激と反応の連合によって計算の習得を目指したソーンダイクの時代とは異なり、情報処理的な認知心理学をベースに算の計算過程についてのモデルを提唱した。情報処理的なアプローチとはこのように教科学習過程のモデル化に積極的な役割を果たすことが期待されていた。行動主義心理学が人間をネズミやハトと同じような存在だと捉えていたとすれば、情報処理的アプローチは人間を単体のコンピュータと捉えていたと言える。人間が理解することをモデル化しようとするとどうしても外的に観察できない「内部」、要するに頭の中を問題とする。そのことが、かつては外的に観察可能な事実を記述することだけを目指すワトソンらの古典的行動主義や観察による理論の実証を目指す論理実証主義をとる新行動主義の興隆をもたらしたのであった。しかし、一九六〇年前後の計算機科学の発展は、認知過程をプログラムという形でシミュレーションすることを可能にし、かつての内観心理学の時代とは異なり、人間の認知過程のモデル化が可能になった（安西ら、一九八二）。人間は入力された外界の情報をその内部で表象操作し、出力する情報処理装置と見なされたのである。どのように人間が情報処理するのか様々なモデルが提唱され、議論がなされてきた。しかし、学校的学習が学習を捉える分析単位であるのと同様に、それは結局皮膚を境界とした単体の情報処理装置としての人間を分析単位としていた。記号、特に言葉は、いわば外的でもあり内的でもある道具だが、情報処理的アプローチにおいてはそれは情報処理装置の中で表象されたシンボルとしてのみ考慮されることになる。

意外なことに、情報処理的アプローチの出現は、心理学史上何も画期的な出来事ではなかったようだ。リーヒー（Leahey, 1980）は、人間の精神に対する情報処理的なアプローチはすでにアリストテレスの心理学に見られるという。アリストテレスの心理学といえば、かつてレヴィン（Lewin, 1935）によってガリレオ的物理学の考え方と比較対照され、批判されたことは有名である。レヴィンは物理学における力学概念をあげて、心理学におけるアリストテレス的見解とガリレオ的見解を比較対照した。「アリストテレス的性格を帯びさせるのは、心理学的力学において方向のある量を使用しているからではなく、考察の対象となるもの、たとえば特定の個人、それも事態から比較的に独立している個人にむすびついているベクトルに過程を帰着させている事実による」(Lewin, 1935, 邦訳 p.38) というように、アリストテレス的心理学は「事態 (situation) から比較的独立した個人」に行為を帰属させるところにその特徴がある。

アリストテレスは表情、性格、気質、能力などの抽象された心理学的概念を個別的対象の本質的実在として見なす。例えば、「三歳児が拒否的だとすると拒否性が三歳児の性質に内在することの証拠として考えられる」(Lewin, 1935, 邦訳 p.17) ということになる。こうした見解は、社会的構成主義 (social constructionism)* をとる心理学的立場からは「本質主義」(Burr, 1995) と呼ばれる。本質主義とは物や生物の中に、それ独自の本質あるいは特徴があると見る立場である。社会的構成主義から見ると、伝統的な心理学は、人格という概念をたてて、それぞれの人格は他の人と本質的に異なり (個人差がある)、基本的にいつでも同じような振る舞いや思考をし (恒常性がある)、一人の人は、お互いに矛盾するような特徴、例えば優しいが恐いといった行動特徴を示すようなことはない (統一性がある)、さらに、ある人の行動はその人の人格や態度によって決まっていると捉えている。

* 私自身は、意味がすべて言語的な交渉によって構築されるという、社会的構成主義が標榜するその構成のプロセスに対する見解には、慎重な議論が必要であると考えるが、まずは心理学的概念が実体ではなく、関

係の表示として構成されたものであるという点を強調する点を評価したい。

本質主義は現象とそれを生じさせる性質の間の循環的説明であるが、レヴィンは当時の心理学においてはアリストテレス流の本質主義に替わる新たな心理学的説明はまだ見出せていなかったという。情報処理的なアプローチ、本質主義、事態から比較的独立した個人、そしてある行動の頻度に法則性の根拠をもとめる実証主義、これらは相互に関係しながらアリストテレス的心理学を特徴づけている。これこそが個体能力主義の心理学である。

3　問題の個人化

個体能力主義が学校と心理学の共通項として存在することを指摘した。それが、「心理学理論の実践化」を容易にしていることは事実であろう。しかし、それだけでは、個体能力主義の心理学理論が教育実践に積極的に受け入れられる理由としては弱い。「理論の実践化」がなされるのにはもう一つの理由がある。それは個体能力主義の心理学理論には個体能力主義をとる教育行為を権威づけ、「正当化」することが強く期待されているという点である。

問題の個体への帰属

教育実践の中で何か解決しなくてはならない問題が生じているとしよう。そのようなとき、たいていその解決策はその原因をどこに求めるのかに依存して変わるものである。あらゆることは連動しているのが当然なので、理想的には、その問題に少しでも関わることはすべて変革すべきである。しかし、実際には、どれか一つのレベルで対処することが多い。このように教育現場において生じる問題の解決にあたって、複数の選択肢があるなかでおそらく一番とられやすいものは、個人的な処置であろう。なぜだろう。通常、問題解決のために操作されるのはもっともその問題を引き起こしていると考えられる要因である。しかし、例えば、入試に関わって悩む子どもの問題のような事態では、一人一人の問題の出現に対応してそのシステムを簡単に変えられるものではない。そうなると必然的に手軽に処置が可能な部分が操作されることになる。それが個人である。何かしら問題が生じたとき、個体能力主義的心理学はそのような「問題の個人化（personalization）」を正当化する重要な「実践用」理論を提供してくれることになる。

心理学者自身がそもそも人格から問題行動への因果関係を好む傾向があるという報告がある。カプランとネルソン（Caplan & Nelson, 1973）は社会的な問題に対する心理学的な調査をメタ分析して、そこには「人を非難する因果帰属傾向」があると指摘している。これは非行などの「問題行動」を説明する際に、それをそうした行動をとった人間自身の性格特性によるものと見なすのか、それともそうした行動をとった状況や、そのような行動をとる必然性をもたらした環境によるものと見なすのかという二つの立場を取り上げたとき、心理学的な説明は「その人に問題があるのだ」と説明することが多いという指摘である。*

＊　この研究は心理学研究の要約雑誌である *Psychological Abstract*（一九七〇年）に掲載されたアメリカ黒人に関する研究の動向について述べたものである。しかし、現実にはアメリカの心理学理論は世界の心理学理論となっており、それに基づいて日本でもほとんどの研究がなされてきている。それ故問題行動に対して「人を非難する因果帰属傾向」があるとする説明は日本でも標準的なものであると思われる。カプランとネルソンは環境よりも人それ自身に基づいて研究すること（person-centred）を妥当ではないとして批判しているわけではない。彼らは、社会的な問題に対する「人を非難する説明態度」はそれが心理学的に妥当かどうかに関わりなく、結局は問題を生じさせる環境を永続させることに寄与してしまい、個人とそれを取り囲む既存の物理的、社会的、環境的編成が議論の焦点として浮上してこないことを危惧しているのだ。

人格という概念装置

認知的な課題の達成に際して、課題の文脈を考慮せず、「覚えが悪い」「理解が遅い」などと個人的な認知能力が心理学や学校において問題とされやすいことはすでに述べた。こうした認知的な「問題」と同様、対人的な「問題」も個体へ帰属されやすい。個体にそうした「問題」を帰属させるために個体能力主義的心理学が用いる概念装置の一つが「人格（personality）」である。近代心理学において最初に人格という術語を使ったといわれるオールポート（Allport, 1955）は、人格（personality）は「一つの全体として」考察しなくてはならないことを強調する。そして「パーソナリティーとは、個人を特徴づけている行動と思考とを決定するところの精神・身体システムであって、その個人の内部に存在する力動的な組織である」（Allport, 1961）と定義する。オールポート（Allport, 1955）は心理学は一つではないことを強調し、特に、人格に対する、ロック的伝統とライプニッツ的伝統を対照させている。それによれば、ロックにとって個々人のこころは、出生時には一個の白紙（*tabula rasa*）であり、その活動を引き起こすものは外部にあるということになる。この伝統上にある心理学では見える外部を強調することによって、実証主義が重視され、実験操作がしづらい複雑な心的領域を避ける傾向がある。その代表が環境主義、行動主義、刺激反応心理学、連合主義心理学であるという。それに対して、ライプニッツ的伝統では、心は外からくるものを受け取るための受動的容器ではないという。人格は行為の寄せ集めでも、行為の置かれる場所でもなく、それこそが行為の源（source）であるという。したがって、他者がこれからとる行動を予測するためには、その人の人格構造を理解することが必要であるという。

以上のように、オールポートは当時主流であったロック的伝統に立つ心理学を批判し、ライプニッツ的伝統に立つ。そこから「パーソナリティ［構造］における最も包括的な単位は、未来を指向する、博大な思考に根ざす傾向性（broad intentional dispositions, future-pointed）であります。こうした特質は、それぞれの人間に独特のものであります」（Allport, 1955, 邦訳 p.200）とまとめている。ある性格あるいは人格を持つと判断された人は、個体の内にある特有な性質を持ち、そのために、どのような状況であっても、基本的に同じような行動をとると予測されることになる。その予測を可能にするものが人格である。そうなると問題行動を予測可能にする人格を持つ存在が問題児であるということになるだろう。このような問題行動と問題を持つ人格との関係はまさにアリストテレス的循環論である。

除去される障害という見解

オールポートは心を寄せ木細工のように見なす心理学を実証主義として批判したが、自然科学の眼差しとしての個体主義は共有している。実証主義的自然科学では、「問題がある」ということは「不十分」あるいは「障害」として捉えられ、その解決は「原因の除去」や「修理」によってなされると見なす（White & Epston, 1990）。したがって、個人が何かできる、あるいはできないという能力は、個人に内在するものであり、個人が何か問題行動を起こすとすれば、それは問題を引き起こす何かを個人が持っているか、問題を生じさせなくする何かを個人が持っていないかということを意味する。問題行動とは、そうした日常生活を円滑に行うことのできない能力の欠如の結果であると見なされる。

例えば、授業中歩き回る子どもが問題児として捉えられるとき、その子が教師や他の子どもたちとどのような歴史を紡いできたのか、あるいは、その授業の中でどのような相互行為を営んでいたのか、その歴史性、状況性は剝奪され、その行動だけが取り出されて、「注意散慢」だとか「怠学傾向」がある、「協調性がない性格」であるなどと心理学という科学の辞書の中にある言葉によって記述されることになる。その子の行動は脱文脈化され、心理学という科学的文脈に置き換えられることになる。「協調性がない」という記述を読む者にとって、その子の具体的な活動状況における発話や行為の意味は知ることができないものとなる。

4　個体能力主義の誤謬

「裸の能力」を想定する個体能力主義は、「無媒介性」「脱文脈性」「没交渉性」として特徴づけることができる。つまり、それは、人間の活動は何にも媒介されず、知識は脱文脈化され、意味や価値は安定していると捉える活動観、知識観、意味観をとっている。これらについて以下一つずつ検討を加えていこう。

媒介された活動

能力の媒介性について心理学の中ではっきりと議論したのはブルーナー（Bruner et al., 1967）である。彼は、人間の能力が種々の道具によって増幅される（amplify）とし、その重要性を指摘した（石黒、一九九五）。例えば、車は運動能力を増幅し、眼鏡は感覚能力を増幅し、言語や理論は推論能力を増幅するという。しかし、増幅するということは個体の能力が増すということを意味しない。ノーマン（Norman, 1989）が指摘したように、それはそのシステムを外側から観察する者には、道具を含んだシステム全体で可能になることがふえるように見えるということである。ブルーナーが指摘するように我々は多様な道具を使って、世界に働きかける。人間は閉じられた個体というシステムで世界に向かうのではない。道具を持った人として世界へ向かうのである（石黒、印刷中）。

人間の活動は個体を分析単位とするのではなく、道具に媒介された活動を分析単位とすべきである。そのことを明確に主張したのはヴィゴツキーである。ブルーナーの議論もそれを下敷きにしている。ヴィゴツキーは二種類の道具を区別する。一つは物や構造やシステムを作り出す技術的な道具(technological tool)であり、もう一つが記号や言語のような心理学的道具(psychological tool)である(Vygotksy, 1960)。道具媒介活動の重要性は、それが人間を対象世界に結びつけると同時に他の人々とも関係づけることにある(Leont'ev, 1975)。例えば、一人で鋸を使って木を切る場合でも、鋸は誰かが作った道具であり、その制作者や改良者と間接的に交流していることになる。また、一人で思索しているときでも、それが必ず「社会的な」言語によって媒介されなければならないということは、そこには対話的な関係があるということだ(Bahtin, 1929)。「私」という境界も必ずしも皮膚を境とした身体ではなく、杖をついて歩く場合などは、「私」の身体と杖が一体となって一つのシステムを作り、杖の先に「私」と世界との境界は移動するのである(Bateson, 1972)。

このように実際には道具に媒介されない活動を想定することは難しい。そのような無媒介的な活動は幻想でしかない。そうなると道具は人間にとって外側にあると考え、可能な限り身体の内側にある何にも媒介されない精神機能だけを育成しようという学校的学習観は再考されなくてはならないだろう。シンボルが思考活動にとって重要なのも、それが表象操作の道具だからではない。社会的コミュニケーションの道具だからこそだ。そうなると、学校教育においても道具媒介活動は当然視されなくてはならないし、子どもたちが積極的に多様な資源を用いることができるような活動の場を組織することこそが必要になってくる。

文脈化された知識

個体能力を実体視するということは、その能力をその発現する文脈に関係なく捉えようとする眼差しである。知能検査や人格検査のようなある知識が用いられる文脈とまったく関係を持たない一般化された心理学的道具によって個人の知識を測定しようという指向は、知識の脱文脈化をはかる作業である。脱文脈化とはある状況において生じた具体的な行為や知性を、その場から切り離して、一般的な技能（skill）や知識として捉えることである。実は、それは文脈を脱するというその言語的な表記とは異なり、個々の行為や知識が文脈を失うことを意味するのではない。具体的な行為が起きた文脈が剥奪されるのと同時に、別な文脈が与えられるのである。その意味で、脱文脈化とは文脈の変更である。その変更される先にある文脈は「特権化」（Wertsch, 1991）された文脈である。

例えば知能検査は脱文脈化された知識を測ろうとするものであるが、それはそれぞれの社会・文化に属する人たちのパフォーマンスを西欧的な学校文化という特権化された文脈に位置づけ直すことである。コールとスクリブナー（Cole & Scribner, 1974）は多くの交差文化的研究（cross-cultural study）が民族差や社会・文化差を捉えようと、知能検査や性格検査などの心理学的測定用具をもって、心理学的実体と文化との関係をさぐることに熱心であったという。そこでは、文化差はしばしば能力差として捉えられ、ある文化圏の人々にはある能力が欠けているとか、ある文化圏の人の方が他の文化圏の人よりもある能力が優れているなどと語られた。

生物はそれぞれの状況で知的に振る舞う。状況に依存した知性を持っている。ならば、それぞれの状況とそこでの活動によって達成される知性との関係が議論されるべきであり、状況に依存しない知性を語るのは幻想でしかない。そうなると、そのような知性の育成を教育の主要な目標とすることも再考されるべきであろう。

交渉される意味

個々の頭の中に「意味」があり、それが言語記号にのせられてやりとりされるというコミュニケーション観がある。思想はまず個人の頭の中で作られ、それが二次的に社会的に流通されている言語に翻訳されるという考え方である。この見解では、発達とは既存の世界に存在する様々な「意味」を社会的言語によって受け入れ、それを自分の中に内化する過程であると捉えられる。このように意味を比較的安定した物のように考えることは意味を辞書に書き込まれた言葉のように扱うことである。しかし、辞書に書かれた言葉は、ある文脈を想定した「一例」であって、どんなときにも利用できるような絶対不変な「意味」ではない。

ブラウンら（Brown et al., 1988）は、知識が言語に類似していることを指摘するが、その言語は固定的な意味が張り付いたものなどではなく、世界を指示し（refer）、ある状況における活動の産物であるという。「have」の意味を「持っている」と教えられた中学生が「I have a dog.」を「私は犬を持っています」と訳し、犬を抱き抱えている状態を想像してしまうという話はよく聞くことである。言語学上の議論の豊富な「ぼくはうなぎだ」という文も、食堂では注文するのが「鰻丼」という意味だろうが、本のタイトルであれば、鰻に変身した人間を指しているのかもしれない。このように意味は不動なものではなく、世界に向かう活動によってその都度交渉され、生成されるものである（石黒、一九八七）。意識化された意味はそうした過程の中のある状態を捉えたものでしかない。そうなると、学校教育でも「意味」の伝達と注入に力を注ぐのではなく、状況に応じた意味の生成、交渉に個々の子どもたちを積極的に関わらせることを目指すべきである。それは、知識が教科書に書かれていると考えたり、教師の頭の中にあると思ったりする「知識の正答主義」を克服し、現実の世界とじかに向き合うことである。

問題行動の政治経済的コンテクスト

補導の対象となるいわゆる非社会的な行動が「問題行動」としてよく指摘されるが、それはそのときどきの社会的期待を反映したものである。シュロスマンとケアンズ（Schlossman & Cairns, 1993）はごく短い時間の間に少女たちにとってどのような行為が犯罪的な行為であるのかという社会的な認識が変化していることを、アメリカの少年裁判所記録と、子どもたちの追跡調査によって明らかにした。一九五〇年代にロサンジェルス少年裁判所において犯罪を犯したとして訴えられた少女についてのファイルによれば、その当時は、親への不服従や怠学、性行為に積極的であることがその理由となっていた。しかし、わずか三〇年後の一九八〇年代のアメリカではもはやそうした行動は、少女を逮捕する理由とはならなくなっていた。つまり、一九八〇年代には、十代で母親になるなど、その性行動はより活発になったが、それによって逮捕されるというようなことはなかった。その理由を彼らは、一九八〇年には「裁判所や警察を含む地域の規準が性的早熟それ自体はもはや少女にとって罪だとは考えられないというように変化した」（同書、邦訳 p. 167）ことや、そのような行動の増加がもはやそれを犯罪として検挙することの経済的な限界を超えてしまい、それよりも凶悪な犯罪に法執行の資源を集中することになったからではないかと仮説的に述べている。つまり、少女たちにとって何が問題であるのかは、少女たちの行動にのみ帰属されうるものではなく、その時々の社会の彼女たちに対する期待という眼差しや政治・経済的な資源配置の在り方にも関係していたのである。このことから、問題は具体的な時間・空間の中で構成されるものであり、時にはそれが法的な介入という公的な手続きを通して「悪い行為」として社会的に正当化されてきたことがわかる。

知的能力に関しても同じ構図が見られる。マクダーモット（McDermott, 1993）は学習障害児（ＬＤ）のような構成概念が、実体としての学習障害児の発見によって導かれたものではなく、むしろ逆に、そうした構成概念が社会的に流布されることによって、ある一定の子どもたちがそのカテゴリーに含まれる子として必要とされているという議論を展開している。

もちろん、だから「問題は勝手に裁判所や警察や学校が作り出しているのだ」とか、「問題だと思うから問題なのだ、本来問題などないのだから、そうした認識自体がおかしい」などと述べたいわけではない。それは問題を主観の構築物であると捉える主観主義的な理解でしかない。ここで強調したいのは、問題がそれ自体として物のように客観的に知覚可能なものなどではないという点である。問題は、個人の他者を含む外界との交渉の中で生まれ、その交渉のありように対して誰かが齟齬を知覚するとき、その人によって問題として「表現」されるのである。ところが、日常生活者としての我々は、問題行動とは個体に内在する何かから生じるものとして捉えやすい。こうした心理学者の態度は、時には本来社会的な問題として扱うべきものや、制度やシステム全体の問題として議論すべきものを個体の問題として扱う上での免罪符を与える。「問題の個人化」は、問題を個人的に解決する文脈を作り出すことによって、問題を生み出している関係を開く途を閉ざすことにもなりかねない。

誰かにとっての問題

社会学者のキツセ（Kitsuse, 1980）は、個人的な問題が社会的な問題になる事態に関心を持っている。例えば、日本においてただ外国に行って帰ってきたという子どもたちがなぜ「帰国子女問題」という社会的な問題になるのか問う。ある帰国子女が個人的に日本語の学力が低いことが、なぜ、単なるその個人の学力の差異ではなく、「問題」として捉えられてしまうのか問う。これとある意味で呼応するように、教育現場においてはなぜ、複数の人の間の関係の歪みとして生じる問題が特定の誰かに帰属させられて語られるのか、すなわち「個人化」されるのかが問われなくてはならない。

問題行動とは、ある心理学書によると「器質的に特に障害がなく、対人関係や環境などの心理的・

社会的な原因によって生じる異常な行動であり、人格形成の上からも問題とされる行動」(長島、一九八三)であるとされる。しかし、この定義を見て奇妙なことに気づく。それは、そこには原因に関する言及はあるが、実は何が問題なのか書かれていないことだ。いったい「人格形成の上からも問題とされる行動」とはどのようなものなのであろうか。

「何が」を問うことは、「誰にとって」の「何が」を問題にすることである。いったい誰がそれを問題とするのであろうか。心理学の問題行動の捉え方に欠落しているのは、それが誰かの視線に対応しているという認識である。「誰かに問題視される行動」(森、一九八九)が問題行動であるという認識が欠落している。日常実践において、問題とは常に誰かにとっての問題であり、問題と見なす人と問題と見なされる人との関係を表すものである。精神医学者である笠原(一九八八)も問題行動という用語が意味するのは二種類あり、一つは、誰かに「問題にされる行動」という意味であり、もう一つは、個人病理的な問題性を持つ行動であるが、その使われ方には混乱や曖昧さがあると述べている。つまり、実際にはこの二つの意味が混同されて使用されてしまうので、本来、「関係の表示であるはずの行動」が誰かの所有物であるかのように見なされ、そこに「問題性」が感じられる場合には、その個体に個人的な問題があると判断されてしまうことになる。

タバコの煙は非喫煙者にとっては大きな問題であるが、喫煙者しかいない場所では問題ではない。それはいつでもどこでも問題なのではない。問題を成立させる関係がそこにはあるのである。ところが「タバコを一日何本吸うと癌にかかる確率が何パーセントになる」といった指摘は喫煙行動を科学的な文脈に位置づけ、その行為を即自的に問題視しようとする実践である。科学的な文脈の上に問題が位置づけられ、誰にとっての問題なのかが曖昧にされる、すなわち匿名化されるということは、問題が人々の関係や利害のズレであるという日常的な事実を覆い隠してしまう。

関係の中のアイデンティティ

個体能力主義の心理学が、活動の無媒介性、知識の脱文脈性、意味の没交渉性を特徴とすることはすでに述べた。これに対して、活動の媒介性、知識の文脈性、意味の交渉性を強調する立場を総称して状況的アプローチと呼ぶことにする。そこには、ヴィゴツキー学派の研究から最近の状況的行為(situated action)(Suchman, 1987)の研究、社会的分散認知(socially shared cognition)の研究(Hutchins, 1990)、状況に埋め込まれた学習(situated learning)(Lave & Wenger, 1991)の研究など様々なものが含まれている。それらに共通するのは研究の分析単位を個体とはせず、具体的な状況(situation)の中にいる複数の他者や人工物(artifact)を含んだ活動システムに求めている点である。

状況的なアプローチをとることは、なにも個人を状況の中に解消して、無視することではない。状況に関係させて個人を捉えることを目指している。この関係の中の個人を捉えるためには、人格概念に替えてアイデンティティ(identity)という言葉を使うことが望ましい。アイデンティティとは、その統一された内的一貫性を強調する人格概念とは異なり、必ず誰かにとっての「私」であることを強調する。子どもがいない人は母親としてのアイデンティティを持てないという意味で、アイデンティティには必ず他者が必要である（中村，一九八四）。「誰か他者との関係において，他者との関係を通して，自己というアイデンティティは現実化される」（Laing, 1969, 邦訳 p.94）。

反社会的（antisocial）行動や非社会的（asocial）行動を行う者には，向社会的な（prosocial）技能や知識が欠けているとして，社会的スキル訓練（social skill training）が行われることがある（Argyle & Henderson, 1985）。例えば，ある子どもが集団に馴染めないでいるとき，そうした訓練によって何かしら望ましい変化が見られたとしよう。この変化は個体能力主義の立場からはその子が以前は欠いていた技能や知識が獲得され，その結果，望ましい人格が形成されたことを意味する。それ故，その立場では，「あの子は集団に適応できるようになった」とか「人格的な成長が見られた」と記述されることになる。しかし，状況的アプローチの立場から見れば，それはその子だけの問題ではない。その子を含んだ集団全体が変容しているはずであり，その中で，その子の位置（positioning）が変化しているのである。その結果，その子はその集団における自分のアイデンティティを再構成したと考えられる。この子はある特定の知識や技能を「学習」したのではない。新たなアイデンティティを構成することと自体がこの子にとっての学習だったのである（Lave & Wenger, 1991）。

ここで描いている状況的アプローチは，個体の行動の原因をすべて環境に帰属させる「環境主義」とは異なることを強調しておくことは無駄ではないだろう。レヴィンの弟子にあたるバーカー（R. Barker）からウィッカー（A. Wicker）へと繋がるアメリカの生態学的心理学（ecological psychology）の流れもレヴィンのガリレオ的見方を発展させることを目指していたことから当然，ここでいう状況的なアプローチを志向していたと考えることができる。ブルンスウィック（Brunswik, 1957）はかつて、「心理学は、それが有機体と環境の関係（organism-environment relationships）の科学であることを歴史的にも体系的にも忘れ、有機体の科学になってしまっている」（p. 6）と指摘した。それに対して、生態学的心理学は、ダーウィン（C. Darwin）に始まる人間に関する生態学的研究の流れにあり、個体に対する生態学的環境の影響を重視している。それ故、個体の行動がそれぞれの人に固有な内的な特性、すなわち人格や態度によって決定されるのではなく、環境の影響を強く受けることを主張してきた（Moos, 1976）。

その理論の中心概念は行動場面（behavior setting）（Barker, 1965）であり、それによって有機体と環境との相互行為が分析単位として抽出される。行動場面とは、単なる物理的空間を指すのではない。それは「行動場面プログラムと呼ばれる序列化された一連の行動を実行するために協調的に相互作用する置き換え可能な人および人以外の構成部分からなり、境界のある、自己調整機能をもった階層システム」（Wicker, 1984）のことである。例えば、たいてい図書館という場には貸し出しカウンター、閲覧室、学習室、視聴覚室、トイレ、書庫などの行動場面がある。閲覧室と貸し出しカウンターは空間的に続いているとしても、それぞれに固有の「協調的な相互作用」がそこにはある。つまり、カウンターでは職員と利用者が貸し出したり、返却に関してやりとりをし、閲覧室では利用者が、本を見たり、他の利用者との間で小声で話すなどそれぞれそこ特有の行為が求められる。そして、カウンターの職員は誰でもよく、Aという人がいなければ、Bという人がその場面に相応しい行動を行うことになる。その意味で、そこに含まれる人は「置き換え可能」なのである。さらに、それは人を越えた単位である。カウンターには職員と利用者だけでなく、カウンターテーブル、椅子、ペン、本、磁気システム、検索用コンピュータなど、その場面に固有の物理的なアーティファクトが存在する。行動場面はそこに固有な物理的環境とそこに特有な行動が相互に関係しながら構成されており、個体と環境をセットにした分析単位であることを強調している。しかし、この立場は個体をそれぞれの状況の中で他者やアーティファクトとしっかりと関係づけたわけではなく、相互行為パターンを安定した「対象物」であるかのように扱い、それぞれの空間に頻繁に見られる「標準的」相互行為パターンを探していた。例えば、バーカーら (Barker & Gump, 1964) は適正な高校の学校規模を明らかにするため、アメリカで複数の高校を選び、それぞれの行動場面を分析した。その結果、小規模校と学校規模が生徒数において二〇倍もある大規模校とを比較したところ、行動場面の数では差が五倍、行動場面の種類においてはわずかに一・四倍しかないことがわかった。そこから、彼らは、「学校は生徒全員が学校企画の行事にとって必要とされるほどに小規模であるべきだ」と結論を出している。そのときの行動場面の種類とは運動競技会、教科授業などのことであり、それぞれに、屋内と屋外、一般科目、家庭科、体育科などの教科が含まれ、行動場面数を規定している。

こうして導き出された結論は教育環境の整備においては決して無駄なものではなく、それなりの実用的価値はある。しかし、運動会の中にも状況に応じて、時々に様々な関係があるのであり、運動会の台本のような粗い標準的相互パターンを取り出すことは、個体の行動が生じる背後の制度的な構造を一面として取り出しているにすぎない。同じ行動場面でも、状況に応じて、そこで交渉される意味は多様であるはずだ。この意味で、バーカーらの生態学的心理学は相互行為パターンの中にある行動は比較的一定しており、しかもその行動は環境によって規定されるという環境中心主義だといえよう。つまり、そこでは個体の行動を主として制御するのは内的な特性ではなく、外的な環境であることが強調される。これでは個体の行動を規定する「本質」を個体の中にあるものから個体の外にある環境に置き換えただけで、「本質」の源泉を内か外かと議論する枠組みを採用していることには変わりない。状況的アプローチは、個体か環境かという二項図式を採用しない。個体と環境の関係を一体として捉えようとするのである。

5 「問題」の再編成

「問題」を作り出す関係

個体能力主義の心理学では、「問題行動」が知覚されるときには、「問題」はその行為者に帰属される。生得的なのか、環境の影響なのかはともかく、問題児とされる子どもの中に「問題」なる特性があり、それが問題行動を引き起こすと考えられた。それ故、その対処の方法は、その子の人格特性を変えるか、その行動を変えるかのどちらかであった。しかし、ここで問題とすべきはその子の人格ではなく、アイデンティティであると考えてみよう。その子は問題を引き起こす「問題児」となる人格を持つのではなく、そうしたアイデンティティを付与される関係の中にいると考えてみよう（それに本人がどこまで自覚的なのかは、ここでは問題ではない）。それによって問いが変わる。伝統的な人格論にたてば、その子は「なぜ問題なのか」「何が問題なのか」が議論されなければならないが、アイデンティティ論にたてば、その子は「なぜ問題に見えるのか」「誰にとって問題なのか」が問われることになる。

実際に私はかつて授業中に教室内を歩き回り、奇声をあげたり、黒板に落書きしたり、さらには他の子どもの机上のものをとったりして、「授業妨害をしている」と皆から見られるような行動をする小学生を見たことがある。授業の後半では、担任の教師はその子を摑んで床に寝ころびながら、教科書を読み、他の子どもたちと授業的なやりとりをしていた。問題は何だったのだろう。個体能力主義的な常識的応答は、「その子が授業を妨害する」「その子は授業に参加できない」などということだろう。しかし、その子は最初から授業を「妨害」していたわけではない。はじめは教師の発問に手を挙げたり、教科書を自ら皆の前で読んでいた。途中から、その子の行動は変わったのである。

関係の中にその子を考えてみよう。教室の中を歩くことや黒板に勝手に字を書くことがいつでも問題となるわけではない。休み時間には子どもたちは自由に教室の中を歩いて、黒板に字を書いて遊んでいる。しかし、授業中は教師の許可なしに、立ったり、歩いたり、黒板に字を書くことは許されない。その意味で、その子の行動は授業中であったからこそ問題であると認識される行動であったと言える。それ故、この子の行動を理解するためには、授業という文脈がどのような場であるのか検討することが必要であろう。では、授業後半に他の子どもの筆箱を取ったりするという行動はどうであろうか。これも確かに日常の中ではふざけとして行われることもある行為であるが、常識的には授業中でなくとも問題視される行動である。だが、観察者の眼にはそれもその子の問題行動の表出というよりも、他の授業参加者、特に教師に向けたコミュニケーション手段として理解された。教師は日常的なその子のそうした振る舞いに対して、他の子どもの授業の妨げにならない限りは無視しているように思えた。その子は、授業に参加していないことを、あるいはうまく参加できないことを、そうした行為を通して教師に対して表示していたのであるが、教師にとって、「その子が授業に参加していないこと」はもはや問題ではなかったのだ。そこで、その子は教師が自分とのコミュニケーションを始めるまで「妨害」の程度を次第に上げていったのである。*

* 教師の立場から考えると、教師がこうした子どもの求めに対してどのように振る舞うのかはダブルバインド状況にあると言える。つまり、その場に相応しいと教師が思えない行為によって、子どもが教師に働きかけてきたとき、教師はその働きかけにのれば、子どもにそうした手段で働きかけると教師の応答を得ることができるのだと思われてしまい、再びそのような行為をするだろうと予測して、そのような行為には応答しない。しかし、そのような行為に応答しないと、子どもはさらに教師が無視できないような行為へとレベルを上げていき、教師が応答するまで働きかけを行うだろうと教師は予測する。そこで、当初は、どう応答してよいのか悩み、子どもの働きかけを「無視」しているが、最終的には、どうしようもなくなって応答するというようなことがある。これは大人と子どもの間の指導的コミュニケーションにおいてよく見られる（石黒、一九九六）。

教師はこの子への対処と他の子どもへの授業の実施の間にあるジレンマ（Lampert, 1985）をうまく扱えないでいた。打開策を見つけることができない中で、教師は、その子の授業的でない行為を「無視」するか、「反授業的悪さ」として注意するか、「授業への復帰」を求めることしかできなかった。そうなると、その子の行為はその子が一人で勝手に行ったものというよりも、教師やその子と教師のやりとりをちゃかす他の子どもたちがその意図の有無には関わらず、結果的には全員で「共謀」した所産であるといえる。問題なのはその子個人ではない。その子を含むクラス全体の「関係」が問題なのである。病んでいたものがあるとすればそれはその子の人格ではなく、その子にそうしたアイデンティティを構成することを余儀なくしていたそこにいる人々の具体的な関係である。その子の現在の状態は、そうしたその子を含む人間関係の歪みの「現れ」として理解すべきであろう。

問題の外在化

不幸な関係が長く続くことによって、ある子どもは「問題児」のラベルを背負わされることになる。レインは「自己のアイデンティティとは、自分が何者であるかを、自己に語って聞かせる説話（ストーリー）である」（Laing, 1969, 邦訳 p.110）という。ならば、先に例示した子どもは自分を教室の厄介者として語ることを余儀なくされる。その教師もその子をうまく指導する能力のない「問題教師」として自分を語るようになるだろう。悪役を立てる読み変えがしにくい単純な物語（story）がここにはある。そして、それを「その通りだ」と確証を与えるのが個体能力主義的心理学なのである。その問題を起こしている子の知能指数は「〇〇」である、性格検査によると「情緒不安定」であるなどと、心理学的な術語によって、その子が自分に対して抱いている個体能力主義的物語を補強する。教師も同じである。例えば、職業適性検査によって、「不安傾向が高い」とか、「指導力がない」などという「科学的」評価を受け取って、やはり自分に対する悲しい物語を確認させられる。

このような不幸な物語の成立に個体能力主義の心理学は確かに「役に立って」しまっている。どうすればその物語は読み変えられるのだろうか。これに関して、社会的構成主義の立場に立つ精神医学者ホワイトら (White & Epston, 1990) の物語法 (narrative means) が興味深い。彼らは、上記の教室の物語のように、もはやそれが事実なのか解釈なのかわからないほどに、当事者にとって自明視されている物語をドミナントストーリー (dominant story) と呼ぶ。その物語には、もはや問題が染み込んでいる (problem-saturated) ので、一度、その物語を抱くと、あらゆることがその物語によって理解されてしまうという。重要なのは事実をしっかりと見つめることであるが、人は物語を通して経験を理解するために、なかなか生の事実を確認することができない。そこで、彼らは、クライエントに事実を「発見」させるために「問題の外在化」(externalizing problem) という手法を使う。外在化とは人に内在化されていると思われている問題を外側に出して対象化することである。彼らは、子どもに問題があるとされる家族の治療にこれを用いている。そうした家族は、問題は子どもの中にあると考え、希望を失って疲れはてているという。その家族は彼らの前で、自分たちの置かれた事態について「問題が染み込んだ描写」を行い、その中に、彼らはドミナントストーリーを読む。

そこで、彼らは、問題がクライエントたち家族の人生や人間関係にどのような影響を与えているのか確認する質問などで構成されている「影響相対化質問法（relative influence questioning）」を使い、クライエント家族がそれまで気づいていなかったユニークな結果（unique outcome）を引き出すことを支援する。ユニークな結果とは、ドミナントストーリーからはみ出した生き生きとした経験である。こうして手に入れられた事実は、問題が染み込んだ説明とは矛盾するために、新しい別の物語（alternative story）を構成する核となりうる。こうした新たな物語の創造が問題の解決につながるのである。それは、物語を書き直すように自分の人生を「再著述（re-authoring）」する。

物語法では、そこで実際に起きていることとその解釈（物語）が異なるレベルにあることが強調される。特に、個体の能力に問題を帰属させることを避けるために、問題を人から引き離すための援助としてセラピーを打ち立てている。先の教室の事例でいえば、事実として問題が関係そのものにあることをしっかりと見つめることと、それに対して個体能力主義的な物語が貼りついていることを了解することを物語法では強調することになるだろう。

関係の詳細を見直すことによって、いくらでも別の物語は構成可能である。重要なのは、このような物語の読みかえを支援する理論を心理学が用意できているのかどうかということである。多様な物語を同一の事態に対して読んでみることによって、事態に対する理解は促進される。事態を変えることは視点を変えることから始まる。物語を幾様にも読むことは、実践を豊かにするはずだ。ところが、実際には、個体能力主義の心理学は、問題の個体への帰属を促進する因果論的物語を正当化する道具となり、事態をさらに硬直化させることを後方支援してしまうのである。

リソース分析

今この活動が何によって構成されているのかという、その活動を構成する資源を探索することも「問題」を個体に帰属させる語りを反省する道具として役に立つ。リソース（resourse）とは活動を構成する資源のことである。例えば、今この論文を書くとき、私はワープロを使っているが、ワープロのキーを打つリズムがなんらかの形で私の思考に影響を与えるリソースとなっている。レイヴ（Lave, 1988）は編み物をしながら読書をするという自分の経験を例に、リソースの概念を説明している。それによれば、編み物をしながら本を読むと、そのページをめくるのは一段編んでからになったり、手がふさがってしまうので、ハードカバーのように開いたままテーブルの上に置ける本が便利であるという。つまり、編み物をするという活動が、本の選択や本を読み進むリズムなど、読書過程を制約する資源になっている。他方、本の内容が核心に迫ると、編み目はややきつくなるというように、読書という行為は編み活動のリソースになっている。つまり、お互いがお互いの資源となって、それぞれの進行を形作るのである。

日常の我々の活動は、それこそ数え切れない多くのリソースによって紡ぎあげられている。しかし、それらはその活動が進行中はたいてい意識化されているわけではなく、その活動を後から反省したとき、その一部が思い起こされる程度のものである。そのために、実際にその場を構成していたリソースと後のその場に対する説明とは異なり、むしろ後付け的になされる物語が、その活動の「事実」そのものとして見なされがちである。その物語を引き出すためによく使われる手法は、行為の当事者にインタビューをして問題を後から説明させるというものである。それによって得られた当事者のそのときの意図や感情、思考がその活動を説明すると考えるのである。ここには、活動は誰かの意図の元に計画的になされるものであるというプラン主義と行為は行為者が一番よく知っているはずだという素朴な信念がある。しかし、予めこうしようと考える行為者のプランはその実際の活動に対してリソースの一つとして機能するのはもちろんであるが、それを決定するものではない（Suchman, 1987）。プランはその活動の場に何があるのか、誰がいるのかなど多様なリソースの一つを提供するにすぎない。そうなると行為者にその行為の意図や動機を語らせても、それは活動を捉えたことにはならない。「問題」を個体に帰属させる説明も多くの場合、それに関わる人の信念に支えられた後付け的な物語であることが多い。

問題行動というほどではないが、授業が中断されたという意味で「問題」場面であった、ある叱責場面を例として取り上げてみたい（石黒、一九九七）。この叱責は、小学校一年生の一学期の終わり頃の授業で生じた。国語の授業の後半に、教師が二人の子を名指して、「はい　たちなさい　邪魔です……もうお勉強しなくていいよ　ね」と発問を遮って叱責したのである。「なぜこの教師は二人を叱責したのか」。この常識的な問いは、他の子によってすぐに発せられた。「なんで」とすぐ前にいた子どもがたずねると、「さっきから二人でお話して全然聞いてないもん」と教師は答える。その後、このときのビデオを見ながら、私とその教師は、このときのことを振り返るのであるが、私の「要領が良い子と悪い子がいますね」という語りかけに対して、その教師は「やっぱりね　長男・長女と違ってね　次男次女はね　そのところうまいですね　これ以上いったらだめだという前にやめますよね」と応答した。この授業中の教師の「叱責原因」についての説明、授業後の教師の長男長女の行動特徴に対する言及、どちらもこのときの叱責の原因は叱責された二人の子どもにあるとしている。しかし、ここでこの叱責がどのような状況で生じたものであるのか、その状況を分析してみると違う視野が開ける。入学から三ヵ月経って、入学直後と比較すればはるかに「落ちつき、生徒らしくなった」子どもたちであるが、それでもまだこの時点でも授業の後半になると子どもたちは飽きて、眠そうな顔をしたり、身体を揺らしたり、教師の発問に対してふざけた応答をしていた。教師は授業がそうした「弛れた状態」に突入すると、すぐに漢数字の読みテストというものをやり、子どもたちを授業に「戻そう」とした。そして再び、教科書の内容に関わる発問に戻るのであった。しかし、それでも「弛れ」はなかなか解消されず、皆が「授業にのっている」とは到底見ることはできない状態であった。この二人が叱責されたのは、まさにこのときである。つまり、授業という活動の進行の中で、この時点というのは子どもたちを授業に戻し、最後までその授業をやり遂げる上で、重要なクリティカルポイントだったのである。実際、その後の授業は比較的「引き締まった」ものとなり、緊張感が感じられた。ここで強調しておきたいのは、その教師がこのような「引き締め」を意図していたかどうかは問題ではないということである。このような叱責によって、子どもたちが騒ぎだしてしまうという可能性ももちろんあった。だが、実際には、授業の進行を円滑に進めるリソースとしてこの叱責という行為は機能したのである。その意味で、叱責はその後の授業活動の在り様を方向づける重要なリソースとなっていたと言えよう。

ただ、もう一つの疑問が残る。それは、この二人が、授業の重要なポイントで「へま」をしてしまったことは了解できるとして、他にもふざけていた子は多くいたのに、この子たちが叱責対象として選択されたのはなぜなのかという問いである。それについては、この二人と他の子どもたちとのふざけの質の違いを取り上げる必要があるだろう。グッドウィン（Goodwin, 1981）は話し手が話し手であるためにはその聞き手を必要とし、聞き手は自分がその話し手の聞き手であることを示すためにはその視線を話し手に向けることが必要であるという。授業というのは、主として教師から子どもたちへの語りかけによって成り立っているコミュニケーション場面である。その場において、叱責された二人の子は教師との相互行為において、視線を向けることをせず、教師の聞き手であることを拒否し、それ故、授業への参加をしていないと知覚されたのであろう。つまり、授業の流れと叱責された二人の子どもの視線が教師の状況的行為のリソースとして利用されたのである。もちろん、二人が「お話」をしていたという活動が、その授業の内容や教師のそれまでの働きかけをリソースとしていたことは言うまでもない。

この二人の前に座っている「なんで」と叱責原因を教師にたずねた子どもは、教師の発問に対して「あーあー」というような奇声を出して応答したり、時に軽い悪態をついたりしていた。だが、この子は基本的に教師が話しているときには教師を注視し、教師の発問に応答する形で悪態をついていたのであり、教師の「聞き手」であること、すなわち「生徒」であることを受け入れていた。それに対して、隣の子と「お話」をしている二人が特に叱責をされるというのは、大学の講義場面と比較してみれば、不思議でさえある。大学の講義では、おそらく、隣の人とこそこそ話すことはそれほど「問題」とはならない。むしろ、教師に対してふざけて応答することの方が「問題」として知覚されることであろう。そうなると、ここが小学校一年生のクラスであるということが、この叱責場面から逆照射され、その暗黙の教育目標やコミュニケーションの目標が炙り出されるのである。

このようにリソースを探索していくと、「問題」として取り上げられた事態に対する他の眼差しを獲得することができるようになる。ここで誤解がないように強調しておきたいことは、活動のリソースを探索することは活動の原因を追究することとは違うということである。二人が叱責された「原因」は教師が、「二人を授業を順調に進めるためのスケープゴートにしようとしたため」ではない。いや、そうであったのかもしれないが、それはわからないし、その原因を追究することをリソース分析は目指していない。ある「問題」がもはや一つの説明しか用意できないとき、そしてそれが個体に帰属された物語として語られてしまっているとき、その「問題」は展開される可能性が低い。「問題」は問題の理解につれて変換されて他の「問題」へと読みかえられていくものであるが、個体に原因を求める「問題」の捉え方は、そうした読みかえを不可能にし、身動きできない状態に「問題」の関係者を陥れる。そのようなとき、他の視野を切り開き、別の物語を導き出す上で、リソース分析は有用である。「今まで自分たちがあの活動のリソースとして注目していたのはこれだけだったので、このような眼差ししか持てなかったのだ」と現状を理解したり、「別なリソースが利用されていたとなると、このようにも考えられるな」と問いの展開がなされることが重要なのである。

リソースが活動の原因ではないということは、たとえ活動を制約する主要なリソースではなくても、あるリソースを意識化してみることが、所与の状況に対する異なる視点を提供し、それが実践を変革する上で思いがけない効果をもたらす可能性もあるということである。したがって、どのようなリソース群がどのように編成されてある活動を形作っているのか知ることは、それぞれのリソースから活動全体を反省的に眺めることでもある。私はかつて養護学校の教諭とその教諭が勤務する養護学校の中等部の朝の会の映像をビデオで見ながら、その実践について議論したことがある。そこには五人ほどの子どもと二人の教師が映っており、子どもたちの登校から朝の会の終了までが撮られていた。子どものうちの何人かは大きな声で話していたが、叫び声以外はまったく言葉を話さない子どももいた。ところが、朝の会が始まると、それはまったく「言語的な」コミュニケーションの世界であった。「お早うございます」という朝の挨拶から、昨日各々の子どもが放課後したことの報告などが「言語的に」全員によってなされた。一人の教師が前に立つと、もう一人の教師が、子どもたちの側にいき、特定の子どもの脇に立つ。挨拶やその子の報告の番になると、そばにいた教師が子どもの後ろに立って、その子と手をつなぎながら、「○○君は昨日デパートにいきました」のように、その子の代わりに声を出すのであった。その光景は、腹話術師とその人形のようで、私には奇妙に思えた。しかし、この光景はこの養護学校では「普通」であり、そこが「人形劇」の場に見えてはいなかったようだ。一緒にビデオを見た教諭も私の指摘ですぐに「その奇妙さ」に気づいた。そこで、何がこうした光景、特に相互行為を作り出しているのか皆でリソースの分析を始めた。まず、気になったのが、机の配置である。子どもが少ないのにも関わらず、二人の教師と子どもたちは机を対面する形で並べていた。また、なぜ言葉による朝の会なのか、言葉を使うことの意味も議論された。さらには、愛育養護学校（稲垣ほか、一九九二）*の実践をビデオで比較対照しながら見たことにもよるのだが、なぜ、このクラスでは朝の会が行われているのかが問われた。子どもたちを全員クラス活動に参加させるという「平等主義」の存在が、結局は子どもたちを「形だけ」参加させるものにしてしまっている現状にも目がいき、それぞれの子どもが発達するとはどのようなことなのだろうかという新しい問いも生まれた。どのようなリソースを取り上げても、そこからすぐに素晴らしい改善策が出るわけではない。なぜなら、「改善」とは何を良しと見なすのかによって異なるからである。その前に重要なのは、現状を多様に読みとるという実践の反省である。リソース分析はそのためのリソースなのである。

＊ そのビデオでは、子どもたちの活動に教師が寄り添っている姿がじっくりと映し出されている。例えば、ひたすらストローをハサミで切り続ける子どもの脇で、校長の津守真先生がストローを渡す姿に、「いらいらする」という感想を述べる人もいた。私はここでの教師の働き掛けを「待たない教育」であると捉えたい。それは、待たないで急かして何かやらせるという意味ではない。一般に教師が子どもの動きを「待つ」ことは子どものペースに合わせることであると捉えられることが多い。しかし、「待つ」ことは実は、待ってい

る側の期待する行いや結果を待つことである。そして「待たれている」子どもは次に、その期待される行いを実行しようとしたり、期待される結果を達成しようとする。愛育養護学校の教師は子どもそれぞれの育ちを見つめている。そうした子どもの育ちを見守るスタンスが私は「待たない教育」としてその相互行為を特徴づけていると考えている。

物語法はドミナントストーリーによって見えなくなったユニークな結果を探ることから「実体化されてしまっている問題」を外在化して、操作可能なものに変換する方法だと言える。これに対してリソース分析は、ある活動のリソースを探索することによって、その状況を眺め直し、活動に対する視点変換を促す反省のための手法である。どちらも当事者にとって不可避的だと思われている「問題」をあらためて吟味の俎上にあげ、事態全体の「問い直し」を迫るものである。そこでは、科学的に、あるいは論理的に「正しい」説明を求めてはいない。目の前の現象を読みかえることがまず目指されているのである。

6　伝達から対話へ

科学的な理論だけが理論なのではなく、実践の中でも豊かな理論構成がなされ、それが次の実践を展開する際にリソースとして利用されるのは当然のことである。科学としての心理学が提供する理論も実践者にとってはそんなリソースの一つに過ぎない。ただし、それは実践者の活動やそれに対する見方に変化を与え、展開をもたらすような刺激的な資源になるのか、それとも実践者の既存の活動に単に同調したり、非難したりして、それを縛りつける資源となるのか、その関係は様々である。実践者に自らの教育実践の反省を促すようなリソースとして心理学理論が役立つとき、それは先の「伝達」に対して、両者の間に「対話」が生じていると捉えることができよう（Freire, 1968）。つまり、科学としての心理学の言葉、あるいは教育実践の言葉のどちらかの声が、「特権化」（Wertsch, 1991）されて優位になるのではなく、差異がお互いに認められると同時に、その差異が各々の理論と実践に視点変更などの影響を与え合うような状態である。心理学と教育実践の間の対話的関係について最後に考えてみたい。

普及と批判

実践者と研究者、特に教育実践者と心理学者が望ましい協調関係を築くにはどうしたらよいのであろうか。そもそも「望ましい関係」とはどのような状態を言うのであろうか。二つの異なるものが出会うとき、そこではなんらかのコミュニケーションがなされる。このコミュニケーションが実現する関係を伝達と対話という二つの言葉の吟味を通して考えてみたい。この両者の言葉の差異を教育的コミュニケーションにおいて強調したのはフレイレ（Freire, 1968）である。そこでは、伝達とは普及（extension）を指し、一方から他方への知識や技術の移植を意味する。彼が、議論において具体的にイメージしているのは、発展途上国といわれる地域に出向く農業技術者と地元の農民の関係である。

先進国から来た技術者は、自分たちが持っている知識や技術を農民に対して「説得」・「宣伝」し、それらの「注入」を目指す。そして、結果的に彼らを自分たちがよいと考えている価値に追随するように「馴化」しようとする。一方が他方に文化的な価値を移入するということは、両者がいわば侵略者と被侵略者という関係を実現してしまうことである。そこでは、侵略者は権威を与えられ、農民と一緒に考え、行うのではなく、命令を下す。侵略者は「被侵略者のために、彼らに代わって考えてあげる、やってあげる」存在である。それ故、農民は自分たちで考えたり、自ら行う必要はない。これが「援助」として語られる物語だと彼はいう。

そもそも知識がモノのように輪郭が比較的明確で、それが使われる状況から引き離して取り出すことができると考えることは個体能力主義の特徴であった。しかし、これもすでにブラウンら（Brown et al., 1988）が述べたように、知識は世界を指示してこそ、意味を持つのであり、それが運用される状況を考慮せずにそれを理解することはできない。フレイレは言葉によるパッケージ化された知識の伝達を「言葉主義」と呼んで批判する。言葉による知識の説明は、実践的時間を無視した「完全な知識」を前提にしているという。科学者が実践者にある概念を言葉で説明するとき、さらにその言葉を説明する言葉を説明しなくてはならなくなる。これは理屈の上では無限にくり返されるが、実際にはなんとなくわかったところでそれは中止されるので、説明される側はとりあえずなんとなくわかった状態でいることになる。なんとなくわかり、「問い」が生まれない状態では、批判などありえない。

これに対して、彼が強調するのは対話的関係である。伝達的関係とは、一方の個人が所有する知識や技術を他方に注ぎ込むという形で実現されるような、二者が直接的に向き合う関係であった。それに対して、対話的関係では、両者はお互いに向き合うのではなく、対象に向かう。人間を世界に働きかける存在であると考え、対話者を共に世界に働きかけ、省察する存在として位置づける。重要なのは、ある知識に出会った人たちがそれに対して自分たちの問いを立てることであるという。説明する側は提示した知識や技術が重要だと考えているわけだが、それを提示された側はその重要性を認識しないことが多い。その知識や技術の重要性はその背後にある歴史・社会的コンテクストに支えられているので、それが見えない者にとっては、それらは単なる「言葉」や「動き」でしかない。すでに学校に張り付いている個体能力主義に関する議論で指摘したように、学校で伝えられる知識は多くの子どもにとってはこのような意味での「言葉」や「動き」でしかない。こうした「言葉」や「動き」の生きた意味を知るために必要なのは「意識化」の努力であるとフレイレは言う。「何が問題なのか」、その輪郭や意義をそうした知識や技術を提示された側が自覚し、明確にすることが必要だという。この意識化を促進することを彼は「奨励」と呼んで、「援助」と区別する。

さて、語られたことを自ら意識化し、与えられた知識や技術の意味を問い直すことは、語られた側の現状を揺さぶる契機であるが、それと同じように語る側を揺さぶり返すことでもある。なぜなら、それは知識の交渉であり、語る側がその知識や技術に付与していた意味が、語られた側の思考を通して再検討されるからである。これは伝達者としての自らを権威付けようとする者には耐え難い関係である。その意味で、対話的関係は相互に批判を「可能にする」関係となる。批判が可能になるということは、よく語られるように「お互いに批判できるようないわゆる仲の良い間柄でいよう」というような意志や感情の問題ではない。批判は、他者の言葉や動きを理解しようとする能動的ないとなみから生まれるものであって、他者を拒否するという態度ではない。したがって、お互いに対話者は、相手に通じる言葉を探す、すなわち相手の世界を指示できる言葉を探すことによって、自らの思いを語ることを余儀なくされる。そしてその語りに対する問い返しは、自分の言葉とそれが指示する世界、対話者の言葉とその世界、両者のズレを炙り出す契機となる。批判性が欠如したコミュニケーションは群衆と教祖的指導者との間のそれであるとフレイレは言う。その意味で、対話はその参加者が表面的に仲良くなることでも、意見を一致させたり、同調を進めることでもない。他者を知り、その差異を知ることによって、自らの在り様を知るいとなみが対話なのである。

対話の中での知識の再構成

「理論の実践化」(佐藤、一九九六)とは、まさに心理学から教育実践へのその成果の「普及」を意味している。そこでは、個体能力主義という両者の認識論的共通性と科学による実践の正当化を基盤に、非対称的な権力関係が構築されている。そこでは、究極的には心理学者が実践者の「頭」となり、実践者が「動く」ことが理想とされているのかもしれない。学校における教師の主要な仕事を学業的なマネージメント(教科指導)と社会・対人的なマネージメント(生徒指導)であると大きく分けたとき、教科教育の専門研究者と心理学者がフォーマルな知識を生成し、それを教師に伝達し、それをさらに教師が実行したり、子どもたちに伝達する。そんな直線的な流れが「普及」には描かれる。しかし、こうした関係は実は「よくない」という以前に不可能である。なぜなら、科学は常に部分を捉えているだけで、「現実の全体性を捉えていない」(Freire, 1968) からである。そうなると実践者は、それら科学的な知識や技術を自分の置かれた実践の文脈で問い直し、批判と問い返しをしながら、その意義を味わい直さない限り、「伝達されたこと」を理解することはできない。このことを放棄して実践者であり続けることはできない。そうなると、教育実践に出向く心理学者のすべきことは、そうした実践者自らの問い直しを促す関わりをすることであり、自らを批判に曝すことである。それによって心理学者も当然ながら、自らの既存の知識を見つめ直し、再構成することが求められる。それは「実践の中に生きる生の人間」を研究しようとする心理学者にとって拒むべき状況ではない。歓迎すべき事態である。

先にふれた養護学校の教諭は、リソース分析の後しばらくして現場に戻ったときのエピソードをレポートで紹介してくれた(成澤、一九九七)。情緒不安定なために、しばらく施設にいて、久しぶりに登校した高等部一年の女生徒の話である。朝の運動の時間、その子は皆の集まる校庭の中央ではなく、校庭のはずれの木陰にあるベンチに皆に背を向けて座ったそうだ。この養護教諭はその光景を見て、ビデオの愛育養護学校の実践を思い出したそうである。「彼女のそばにいるときは、校庭に集まる他の生徒とは違う時間の流れを感じた」とその教諭は記している。彼は、リソース分析を通して、子どもの側から事態を眺めてみることの大切さや愛育養護学校の実践をビデオで見て、個々の子どもの内側から湧き出すような活動を尊重する「待たない教育」を高く評価していた。そして、そのときも「できることなら、このまま彼女が過ごしたいままにさせたい」と思ったそうだ。しかし、同時に「あの校庭にいる集団に彼女を誘い込むこと」も考えてしまったという。結局、頃合を見はからい、その教諭は彼女に「みんな並んだよ。一緒にいこう」と呼びかけたそうである。このエピソードを通して、その教諭は「待たない教育の実践のすごさをあらためて思い知らされたように思う」と述べている。この教諭の中には、このまま見守ることと戻すことの間で葛藤があった。この教諭の行為に対して心理学は賛成するための理論も反対するための理論も提供できるだろう。しかし、どのような理論であれ、そのまま実践の理論となることはできない。「待たない教育」という捉え方も、その現場の中で批判され、内実を与えられなければ、単なる言葉でしかない。現場の全体性の中で、その実践的な意味が付与されていかなくてはならない。その教諭の葛藤は、現場の外から持ち込まれたものが現場の中に位置づくことの難しさを教えてくれる。

フレイレの言う農民のように、現場に生きる人々は外から入ってくる知識を批判し、作り変えていく作業をしなくてはならないのだ。認知心理学が教材分析に有用であるとされ、教科指導において期待されたように、最近では臨床心理学がスクールカウンセラーの登用に代表されるように、学校における「心の問題」を解決する上で、期待されている。しかし、スクールカウンセラーが、実践の一面を切り取って理論化する科学を背負っている限り、現場の全体性に直接対応することはできない。確かに心理学的領域に「問題」を限定している限り、カウンセラーは「専門家」であろう。しかし、本章の中で何度もくり返し述べてきたように「問題」は具体的な現場の中で状況的に構成されているものである。そうなると現場では何が問題なのか吟味することからはじめなくてはならないのであって、心理学的に「個別化」され、整理された問題が、計算問題のプリントのように与えられるわけではない。もしも、こうしたことを無視し、スクールカウンセラーが現場に「臨床心理学」を伝達しに行くのであれば、それは「心の問題」を教育実践の全体性から切り離すことが可能であることを「科学的に」かつ「制度的に」示すことになり、現場の「問題の個体化」を促進することになろう。そして、教育実践者はそこでは、もはやそうした問題を問い直すことなく、風邪を治すために病院に子どもを行かせるように、カウンセラーのもとへと子どもを向かわせることになるであろう。

心理学が現場に同席したいのであれば、出来合いの心理学的問題群に対応した「問題」を現場の中に探し、それを「正当化」して、「科学的に解決」する理論を提出するのではなく、実践者がその実践を展開していく上で、対峙しなくてはいけない「問い」を探究することに付き合うことが必要となってくる。対話によってもたらされるのは、対話者間の加算された知識ではない。お互いの知識を知って、知識を注ぎ込み合うことではない。お互いが、自己の知識を相手の現場にさし込み、その全体性の中で批判を受け、知識を再構成していくことが対話によって実現される。そこでは、新たな「問い」が生成されるのである。先の養護学校の教諭は、自らの実践を「待たない教育」という言葉を媒介にして吟味し始めた。それと同様に、私も「待たない教育」が実践される状況と実践されない状況の差異を議論の俎上にあげることが必要となった。対話者としてお互いが存在するということは、それぞれの現場に固有の問いを求め、それぞれの参加者のそれを展開するあがきに付き合うことである。心理学者は実践者に問いを投げかけ、そのあがきに付き合う。実践者も同様である。一方が他方に替わることなど決してできない。各々の知識を支えている背景が異なることが対話を必要とするのであり、可能にするのである。心理学者が現場に行くことが、フィールドの理論を構築可能にさせるわけではない。それによって、問題の個体化とその背後にある個体能力主義から脱却できるわけでもない。それには、状況の中に生きる人を単位として捉える眼差しと心理学者と実践者の対話的関係が必要なのである。

文献

Allport, G. W. 1955　*Becoming.* Yale University Press.　豊沢登（訳）　一九五九　『人間の形成――人格心理学のための基礎的考察』　理想社。

Allport, G. W. 1961　*Pattern and growth in personality.* Holt.　今田恵（監訳）　一九六八　『人格心理学』　上下、誠心書房。

安西祐一郎・佐伯胖・無藤隆　一九八一　『ＬＩＳＰで学ぶ認知心理学１　学習』　東京大学出版会。

Argyle, M., & Henderson, M. 1985　*The anatomy of relationships and the rules and skills to manage them successfully.* Penguin Books.　吉森護（訳）　一九九二　『人間関係のルールとスキル』　北大路書房。

Bahtin, M. 1929　北岡誠司（訳）　一九八〇　『言語と文化の記号論』　新時代社。

Barker, R. G. 1965　Exploration in ecological psychology. *American Psychologist,* **20**, 1-14.

Barker, R. G., & Gump, P. V. (Eds.)　1964　*Big school, small school : High school size and student behavior.* Stanford University Press.

Bateson, G. 1972　*Steps to an ecology of mind.* Harper & Row.　佐藤良明（訳）　一九九〇　『精神の生態学』思索社。

Brown, J. S., Collins, A., & Duguid, P. 1988　*Situated cognition and the culture of learning.* Institute for Research on Learning Report No. IRL 88-0008.

Bruner, J. S., Oliver, R. R., & Greenfield, P. M. 1967　*Studies in cognitive growth.* John Wiley.　岡本夏木・奥野茂夫・村上紀子・清水美智子（訳）　一九六八　『認識能力の成長』明治図書。

Brunswik, E. 1957　Scope and aspects of the cognitive problem. In H. Gruber, R. J. & K. Hammond (Eds.), *Contemporary approaches to cognition : A symposium held at the University of Colorado.* Harvard University Press.

Burr, V. 1995　*An introduction to social constructionism.* Routledge.　田中一彦（訳）　一九九七　『社会的構成主義への招待――言説分析とは何か』川島書房。

Caplan, N., & Nelson, S. D. 1973　On being useful : The nature and consequences of psychological research on social problems. *American Psychologist,* **28**, 199-211.

Chaiklin, S., & J. Lave (Eds.)　1993　*Understanding practice : Perspective on activity and context.* Cambridge University Press.

Cole, M., & Scribner, S. 1974　*Culture and thought : A psychological introduction.* John Wiley.　若井邦夫（訳）　一九八二　『文化と思考』サイエンス社。

Freire, P. 1968　*Educacao como pratica da liberdade and extension o comuniction.* CIDOC.　里見実・楠原彰・桧垣良

子（訳） 一九八二 『伝達か対話か』亜紀書房、所収。

Gardner, H. 1985 *Mind's new science.* Basic Books. 佐伯胖・海保博之（監訳） 一九八七 『認知革命』産業図書。

Goodwin, C. 1981 *Conversational organization.* Academic Press.

Hanson, N. R. 1958 *Patterns of discovery.* Cambridge University Press. 村上陽一郎（訳） 一九八六 『科学的発見のパターン』講談社学術文庫。

Hutchins, E. 1990 Technology of team navigation. In J. Galegher, R. Kraut, & C. Egido (Eds.), *Intellectual teamwork: Social and technical bases of cooperative work.* Lawrence Erlbaum Associates. 宮田義郎（訳） 一九九二 「チーム航行のテクノロジー」、安西祐一郎・石崎俊・大津由起雄・波多野誼余夫・溝口文雄（編）『認知科学ハンドブック』共立出版、二一―三五ページ。

稲垣忠彦ほか（編） 一九九一 「発達の壁をこえる」、『シリーズ授業10 障害児教育』岩波書店。

石黒広昭 一九八七 「活動的意味観と比喩表現」、『心理学評論』第三〇巻、三〇四―三一〇ページ。

石黒広昭 一九九五 「コンピュータは思考を変えるか――道具としてのコンピュータを考える」、里深文彦（監修）『AIと社会』同文館出版。

石黒広昭 一九九六 「実践の中のビデオ、ビデオの中の実践――物語を読み変えるために」、『保育の実践と研究』第一巻二号、四―一三ページ。

石黒広昭 一九九七 「授業において生徒が叱責される時――問題（行動）の固体帰属観の検討」、『日本教育心理学会第38回総会発表論文集』二五二ページ。

石黒広昭 印刷中 「アーティファクトと活動」、茂呂雄二（編）『実践のエスノグラフィー』金子書房。

笠原洋勇　一九八八　「世相史にみる問題行動の心理」、メンタルヘルス研究会（編）『問題行動』ほるぷ、一七―一八ページ。

Kitsuse, J. I. 1980　「社会問題としての帰国子女問題」、門脇厚司・原喜美・山村賢明（編）　『変動社会と教育（現代のエスプリ別冊）』至文社、一六四―一八九ページ。

Laing, R. D. 1969　*Self and others.* Tavistock Publictions.　志貴春彦・笠原嘉（訳）　一九七五　『自己と他者』みすず書房。

Lampert, M. 1985　How do teachers manage to teach ? : Perspective on problems practice. *Harvard Educational Review,* **55**(**2**), 178-194.

Lave, J. 1988　*Cognition in practice : Mind, mathematics and culture in everyday life.* Cambridge University Press.　無藤隆・山下清美・中野茂・中村美代子（訳）　一九九五　『日常生活の認知行動』新曜社。

Lave, J., Murtaugh, M., & O. de la Rocha　1984　The dialectic of arithmetic in grocery shopping. In B. Rogoff & J. Lave (Eds.), *Everyday cognition : Its development in social context.* Harvard University Press.

Lave, J., & Wenger, E. 1991　*Situated learning : Legitimate peripheral participation.* Cambridge University Press.　佐伯胖（訳）　一九九三　『状況に埋め込まれた学習――正統的周辺参加』産業図書。

Leahey, T. H. 1980　*A history psychology : Main currents in psychological thought.* Prentice-Hall.　宇津木保（訳）　一九八六　『心理学史――心理学的思想の主要な潮流』誠信書房。

Leont'ev, A. N. 1979　The concept of activity in Soviet psychology. In J. V. Wertsch (Trans. & Ed.), *The concept of activity in Soviet psychology.* M. E. Sharpe. pp. 37-71.

Lewin, K. 1935　*A dynamic theory of personality : Selected papers.*　相良守次・小川隆（訳）　一九五七　『パーソナ

リティの力学説』岩波書店。

McDermott, R. P. 1993　The acquisition of a child by a learning disability. In S. Chaiklin & J. Lave (Eds.), *Understanding practice : Perspective on activity and context.* Cambridge University Press. pp. 269-305.

Moos, R. H. 1976　*The human context : Environment determinants of behavior.* John Wiley.　望月衛（訳）　一九九七『環境の人間性――行動科学的アプローチ』朝倉書店。

森省二　一九八九「幼児期の問題行動」、福島章（編）『性格心理学新講座3　適応と不適応』金子書房。

長島貞夫（監修）　一九八三『性格心理学ハンドブック』金子書房。

中村雄二郎　一九八四『術語集――気になることば』岩波新書。

成澤淳一　一九九七　宮城教育大学大学院教育学研究科教育心理学特論Bレポート。

Norman, D. A. 1989　Cognitive artifacts. Paper presented for the Workshop on Cognitive Theory and Design *in* Human : Computer interaction at Kettle House Inn, Chappaqua, New York, June.　宮田義郎（訳）　一九九二「チーム航行のテクノロジー」、安西祐一郎・石崎俊・大津由起雄・波多野誼余夫・溝口文雄（編）『認知科学ハンドブック』共立出版、五二一―六四ページ。

Resnick, L. B. 1987　Learning in school and out. *Educational Researcher*, **16**, 13-20.

Resnick, L. B., & Ford, W. W. 1981　*The psychology of mathematics for instruction.* Lawrence Erlbaum Associates.

Rogoff, B., & Lave, J. (Eds.) 1984　*Everyday cognition : Its development in social context.*　Harvard University Press.

佐伯胖　一九八五「「理解」はどう研究されてきたか」、佐伯胖（編）『理解とは何か』東京大学出版会、一二七―一六九ページ。

佐伯胖・長坂敏彦・上野直樹　一九八八「小学校算数における理解のドロップアウト」、昭和六二年度文部省特定研究成果報告書「子どものドロップアウトに関する教育学的研究」(代表 武藤芳照)、一五―五四ページ。

佐藤学 一九九六 「実践的探究としての教育学――技術的合理性に対する批判の系譜」、『教育学研究』第六三巻三号、六六―七三ページ。

Schlossman, S., & Cairns, R. B. 1993 Problem girls: Observations on past and present. In G. H. Elder, Jr., J. Modell, & R. D. Parke (Eds.), *Child in time and space: Developmental and historical insights*. Cambridge University Press. 本田時雄(監訳) 一九九三 「問題のある少女――過去と現在の観察」、『時間と空間の中の子ども達――社会変動と発達への学際的アプローチ』金子書房、一四一―一七一ページ。

Suchman, L. A. 1987 *Plans and situated actions: The problem of human machine communication*. Cambridge University Press.

Vygotsky, L. S. 1960/1979 The instrumental method in psychology. In J. V. Wertsch (Trans. & Ed.), *The concept of activity in Soviet psychology*. M. E. Sharpe. pp. 134-143.

Wertsch, J. V. 1991 *Voices of the mind: A sociocultural approach to mediated action*. Harvard University Press. 田島信元・佐藤公治・茂呂雄二・上村佳世子(訳) 一九九五 『心の声――媒介された行為への社会文化的アプローチ』福村出版。

White, M., & Epston, D. 1990 *Narrative means to therapeutic ends*. W. W. Norton. 小森康永(訳) 一九九二 『物語としての家族』金剛出版。

Wicker, A. W. 1984 *An introduction to ecological psychology*. Cambridge University Press. 安藤延男(監訳) 一九九四 『生態学的心理学入門』九州大学出版会。

4章　学習の「転移」から学ぶ
転移の心理学から心理学の転移へ

佐伯　胖

1　はじめに

本書のここまでの章では、「心理学と教育実践の間で」作り出されてきた様々なズレ、行き違い、さらにはねじれが指摘され、そのような関係を修復して、実践と生き生きとした「友好的」関係をもつには心理学はどうであらねばならないかということが論じられてきた。このような論考は、心理学という学問のいとなみを、いったん心理学の「外」から眺めて、教育実践との関係を問い、心理学全体に対して反省を促すものである。しかし、このような告発や反省を受けた場合、心理学研究を日々いとなむ心理学者は一体どうすればよいのだろうか。これまでの実験室的研究をかなぐり捨ててみんな「現場《フィールド》」に出ればいいのだろうか。実験室的研究を進めていくことからは何ら「現場に生かせる知見」を生み出すことはできないのだろうか。あるいは、これまで実験室での研究で得られた知見はすべて教育実践にはなんの役にもたたない、むしろマイナスに作用することばかりだったと断罪すべきだろうか。

筆者はそうは思わない。これまで通りの実験室的研究でも、よく見れば、教育実践に対して新しい示唆を提供し、資源として活用するに値する知見を提供してきているものもあるのではないかと考える。ただし、その際、実験結果を安易に一般化してスローガンのように「まとめる」こと（従来、心理学者がとかくやりがちな過ち）は極力控え、むしろ、「そこで起こったこと」をていねいに見直していくことが必要なのである。

以下で見るように、実験事実を「そこで起こったこと」としてていねいに見ていくと、「実験室的な考え方」に縛られたこれまでの心理学が、実は内部破綻を起こしていることを見届けることになる。そしてそのことは、心理学がこれまでの心理学を脱皮し、実践と関係づけられた新しい心理学へと変容することの必要性を、具体的な心理学研究の「内側から」訴えることにもなる。このような、心理学研究そのものの「内側から」、心理学のこれまでの研究の落とし穴や考え方の誤りを指摘するという心理学（「批判心理学」）こそが、これからの心理学研究にとって重要な課題だと信じる。

以下では、このような見通しをもって、実験室的心理学の中で重要な位置を占めてきた「転移」の概念をとりあげ、それをめぐる実験的研究を見直し、「ほんとうはそこで何が起こっていたのか」を見直しつつ、心理学研究をその「内側から」批判していく可能性をさぐる。

2　学習は転移するのか

転移とは何か

転移（transfer）というのは、「ある一つのことの学習が、別のことの学習をするのに役立つこと」をいう（Hilgard & Bower, 1966, 邦訳 p. 7）。常識的に考えると、学習に転移が生じるということは「当たり前」のことだろう。もし人が（もっと一般的に、すべての動物が）「学習したことしかできない」で、少しでもこれまでと異なる課題状況に対しては、いちいち全部、はじめから学習し直さねばならないとしたならば、この変化に富み、予想しない出来事が次々と生じる現実世界で、まともに生き延びることなどできるはずがない。

転移というのは、人々が「教育」を考えるときにも、必ず前提とされることである。基礎的なことを学習しておくことが、後でもっと複雑な、高度なことを学習する際に役立つということは当然期待されるであろう。この前提があるからこそ、教えるべきことがらには自ずと基礎から応用、そして展開へという段階があり、これがカリキュラム（教育課程）を構成する際の基本となるであろう。したがって、転移をどのように考えるかは、カリキュラムをどのように考えるかと表裏一体の関係にある問題なのである。

転移とは構成要素の共有か

ここで、転移について、もう少し厳密に考えてみよう。

ソーンダイク (Thorndike, 1906) によると、転移というのは一つの学習内容Aが、別の学習内容Bの構成要素となっている（「前提」をなしているとか、部分を構成しているとか）ときに、Bの学習にAの学習が転移するということだとされる。この転移観に基づくと、学習とは学習内容の構成要素を一つ一つ積み上げていくことになり、この観点からのカリキュラムは、「基礎練習を徹底させて、少しずつ新しい内容をつけ加えて、次第に複雑な、高度な内容にしていく」という考え方になる。いわば、知識は積み木を積み上げるように、基礎から応用、展開へと構成されるとする「積み上げ論」である。

さらに、この「構成要素の共有」説は、学習について次のような見方をすることになる（むしろ、こう見るほかはない）。

第一に、構成要素が適切に共有されていなかったならば、自分ではなにも学習できないはずだ、ということである。

第二に、たとえ構成要素が共有されていたとしても、どのようにそれを組み合わせて新しい課題を解決するかは、当人にとってはまったくわからないわけだから、完全な試行錯誤で偶然うまくいく経験をするか、他人（「わかっている」人）にはっきり「教え込まれ」て、やってできたという経験を積み重ねる以外に、新しいことの学習は起こり得ない。

さらに第三に、「試行錯誤」といった場合の「錯誤」行為は学習にとっては完全に無駄な、非効率的なこととされる。当然、そういう無駄なことは最小限にしておくべきこととなる。

以上のことから、「構成要素共有」説では、適切に構成要素が共有されながら逐次あらたな学習課題を与え、できるかぎり「錯誤（エラー）」なく学習が進行するように、計画的に順序立てられた、万人共通の最適コースが存在することになる。こうなると、「教える」ということは、学習課題に含まれる構成要素の分析をもとに、「最適コース」を設計し、それに従って次々と学習課題を与えていくという、完全に「工学的」技術の問題になる。

ちなみに、一九六〇年代の後半から七〇年代初頭あたりまで、一世を風靡したティーチング・マシンやプログラム学習の展開の中で叫ばれていたのは、このような意味での「教育の工学化」であり、教授・学習過程の「最適化」であった（佐伯、一九八五）。

ゲシュタルト心理学からの反論

ところで、そもそも私たちの知識内容を、その構成要素の和と見なすことに対しては、古くからゲシュタルト心理学者たちが猛然と批判していた。例えば、ケーラーのチンパンジーは、天井につるされたバナナを取るために、いろいろな試行錯誤の末、突然、棒を使ったり、箱を積み上げたりすることを「洞察」する（Köhler, 1917）。この場合、洞察された解決策は、習得された要素行動の漸次的積み上げではなく、まったく新しい行動様式の発見なのだという。

ゲシュタルト心理学では、新しい課題に直面した人（あるいは、類人猿）は、世界を「ものごとが関連し合ったまとまり（ゲシュタルト）」として知覚するのだという。したがって、学習というのは、バラバラに見えていたことが、互いに関連づいたものとして（「体制化」して）見えるようになることであり、それは「学習」の法則というよりも、「知覚」の法則に規定されているとする。「過去の経験が現在の課題解決に生かされる」という場合、それは、過去の学習内容の一部をそのまま現在も使うというものではなく、過去の記憶の痕跡と現在の問題状況との相互交渉の末、新たな体制化が生まれて、解決策が創出されるということなのだとする。つまり、思考や学習は、連続的な積み上げではなく、「発想の飛躍」や「発見」ないしは「生産」の過程として描き出される。そのような「発見」や「生産」を経験すると、そのあと知識の体制化がより容易になるため、広い意味で「学習のやり方の学習（learning how-to-learn）」が成立するのだ、というのである。

ブルーナーの「構造」主義

ブルーナーの『教育の過程』は、当時、流行の兆しを示していたゲシュタルト心理学の影響を強く受けていたブルーナーが、これまでの行動主義心理学を基礎とした「積み上げ論」的カリキュラムを痛烈に批判した書である（Bruner, 1961）。また、彼はこの書で教科の「構造」を中心において、学習者の洞察や発見を促していく「螺旋型」のカリキュラムを提唱した。これが、「教育の現代化」運動の始まりとなったことは周知の通りである。

同書でブルーナーは二つの転移を区別する。第一は、訓練の特殊的転移（specific transfer of training）であり、これは行動主義心理学が扱ってきた転移、つまり、特定の行動習性の一部が別の行動に部分的に発揮されることによる転移である。第二の転移は、非特殊的転移（nonspecific transfer）であり、「原理や態度の転移」だという。それについてブルーナーはこう説明する。

要するに、それは、最初に技能でなくて一つの一般観念を学習することであって、その一般観念は、その後の出てくる問題を、最初に習得した観念の特殊な事例として認識するための基礎として使用できるものなのである。この型の転移が教育の過程で中核となっている――つまり、基礎的・一般的観念によって知識を不断にひろげ、深めるということである（Bruner, 1961, 邦訳 p. 22）。

ブルーナーは、この第二の転移が生じるのは、学習者が教科の構造を習得したときだという。ところで、この教科の構造の意味が、同書では必ずしも明確にされてはいない。同書が例としてあげているのは、尺取り虫が一枚の板の上にのせたグラフ用紙を横断する様子を観察させる話である。その板を水平にしたときは一直線に動くが、板を三〇度の勾配に傾けると、まっすぐ登らないで、最大傾斜線に対して四五度の角度で登る。さらに、六〇度に傾けると、今度は最大傾斜線に対して六七・五度の角度で登る。この二つの測定から、尺取り虫が一五度の傾きを好むと推定できる。これが、動物の「走性（tropism）」であり、単純な生物はそれぞれの環境に対して独特の走性をもっていることがわかる……というわけである。そして結論として、「……教科の構造を把握するということは、その構造とほかの多くのことがらとが意味深い関係をもちうるような方法で、教科の構造を理解することである。簡単に言えば、構造を学習するということは、どのようにものごとが関連しているかを学習することである」と結んでいる。

ブルーナーの尺取り虫の話は、実際の教育実践の事例というよりも、おそらくブルーナーが「机上で」想像した例にすぎないだろう。子どもに尺取り虫と板とグラフ用紙を与えて何かを発見しなさいと言っても、「走性」を発見できるとはとうてい思えない。傾斜角度を変えて、尺取り虫に登らせ、それが登る角度を「最大傾斜線に対する角度」として記録させることをやらせ、そのグラフから何が言えるかを考えさせる、というように、実験方法も結果の測定方法もこと細かに指定した実験を「やらせ」たとしても、そこに法則性を見出せるわけではない。それが尺取り虫にとって常に地平と一五度の角度を登っていることになることを「発見」するには、何かそこに「規則性」があるはずだというヒントを与えられた上で、三角関数の公式をあれこれ適用して、その「規則性」について様々な仮説を立て、検証するという試みをしないかぎり、とうてい無理だろう。また、このことが、動物一般に言える「走性」という性質の一例であるということや、他の動物の走性についての知識になると、これはもう、頭から「教え込む」しかないことである。

ところで「一般概念（ないしは法則）を教え込んだ」結果として、個別の例を「一般化して考える」ようになるということが、ブルーナーが「第一の転移」と区別したところの「第二の転移」の意味するところなのだろうか。これは単に「特定の法則を事例に当てはめている」だけであり、「教えられた通りに考えることが、別の例でもできた」ということではないのか。これではブルーナーが言う第一の転移（特殊的転移）と実質的には変わらないのではないか。

ブルーナーの提唱する教科の構造の学習が、行動主義批判をスローガンにしながらも、結果的には、科学者が用いている一般概念や法則を体系的に教え込むという、系統学習を正当化するカリキュラム論になったというのは、この例や同書に散りばめられているエピソードから読みとるかぎり、むしろ当然の帰着と言えよう。

「学習の仕方を学習する」のは可能か

しかし、実際にケーラーのチンパンジーは「洞察」を行い、「教えられていない」ことを自ら発見したではないか。なんらかの外的操作によって、このような「洞察」や「発見」を誘発させるとか、支援するということはできないのだろうか。ブルーナーは、「最近二十年間になされた学習と転移の性格に関するほとんどすべての研究成果の示すところによれば、適切な学習によって大量の一般的転移が得られるのはまさしく事実であって、最適の条件のもとで適切に学習するならば、『学習の仕方を学習する』（learning how-to-learn）ようにさえなる」（Bruner, 1961, 邦訳 p. 7）と述べているが、これはほんとうに事実と言えるのだろうか。

当時ゲシュタルト心理学者たちの示唆に従って数多くの実験が行われていたが、少なくともブルーナーが『教育の過程』を著した頃には、これといってめざましい成果は得られていなかった。例えば、ジャッドは、一二歳の子どもに投げ矢で水中の的を当てる経験を十分にさせ、確実に当てることができるようにした上で、水の深さを浅くしたところ、前の実験でただやみくもにできるようになっただけの子どもは今度も失敗ばかりをくり返したが、「光の屈折」の原理を教えられた子どもはすぐに適応できてほとんど失敗しなかったという (Judd, 1908)。しかしこれは先の「尺取り虫の走性」の話と同様、教えられた特定の原理を「当てはめた」結果できるようになっただけであり、とうてい非・特殊的転移が生じたとは言えない。また、ケーラーのチンパンジーの実験と同様な場面設定で、幼児が手の届かないところにあるものを取るのにその場に置いてある箱を「洞察」によって積み上げて登るかどうかを観察したが、三歳未満ではそのような洞察はまったく生じなかったという報告もある (Matheson, 1931; Sobel, 1939)。

ブルーナーが言う、「学習の仕方を学習する」という「証拠」は、おそらくハーローがサルに弁別学習をくり返し行った結果、同じ課題は二度と実施していないにもかかわらず、実験を一五回程度くり返しているうちに、正解に至るまでの試行回数が半数以下になっていったという有名な実験データであろう。ハーローの実験では、さらに、同様の弁別学習で、ある一定の回数（七、九、または一一試行）の間で「正解」となった刺激が、その次からの一連の試行では「不正解」になるという、逆転課題を何度もくり返しているうちに、「逆転」がはじまるとただちに「これまでの逆を選ぶ」ということで正解を得るようになったという。このような結果から、ハーローは、サルが「学習の構え」

(learning set) を学習し「学習の仕方を学習した」(learning how-to-learn) のだと結論づけた (Harlow, 1949)。

この「学習の仕方を学習する」という言葉は、学習に対する人々の期待に訴えるものであったため、当時大流行した。しかし、これはサルが当該の実験で「実験者がコントロールしている刺激の次元 (形、大きさ、色など) にだけ注目するようになる」という、後の心理学者が注意学習 (attention learning) と名づけた学習の結果であると解釈できる。この注意学習 (実験状況で、課題解決に関連する情報にのみ注意が集中できるようになる学習) というのは、刺激と反応の連合という、行動主義心理学における第一の転移 (特殊的転移) の理論で十分説明可能なものである (Trabasso & Bower, 1968; Zeaman & House, 1963)。もちろん、特定の学習課題に対し、「注目すべきところだけに注目するようになる」ということは、現実に、類似の、しかし非本質的な部分に変更を加えただけの新しい課題を習得するときには、大いに役立つものであり、そういう「手がかり」にだけ注意を向けるということ (「選択的注意」と呼ばれている) は、効率的に作業を実行するためには大変好ましい技能ではあるし、実際、類似した学習課題をくり返し実行してゆくことによって身に着く。

しかし、「選択的注意」の学習が望ましい転移であるとして全面的に肯定すると、「算数の文章題で、『あわせて』とあれば足し算、『ちがいは』とあれば引き算」というような、手がかり語に反射的に反応すること (文章の意味を完全に無視すること) を肯定することになる。実際、そのような短絡思考をみごとに「習得」してしまう例はいたるところにある。例えば、「「4×8＝32」という計算で答えを求める文章題をつくれ」という課題に対して、「りんご四こにみかん八こをかけると、ぜんぶでいくつになりますか」というような問題を平然と作る子どもたち（三年生から六年生のほぼ半数）がいる（佐伯ら、一九八八）。また、受験勉強のテクニックのほとんどは、特定の手がかり語をもとに問題をパターンに分類して、それぞれのパターンに解法を機械的に当てはめて解かせるものである。確かに、非常に特殊化した問題群に対しては効率的に解けるようになるという点での転移ではあるが、より柔軟に、より創造的に、より発見的に、より深く洞察できるようになるというような転移（ブルーナーが「第二の転移」として期待したこと）にはむしろマイナスであることは明らかである。

学習すればするほど頭は固くなる？

学習が進めば進むほど、より柔軟に、より創造的に、より発見的になるということは、理想としては誰でも思い描くことではあるが、心理学実験の結果は、むしろこの逆のこと、つまり、学習が進むほど、頭が「固く」なり、柔軟性がなくなっていくことを示している。これは、先の学習が現在の学習を妨げるという、いわば、「負の転移」とも言うべきことである。

例えば以下の問題を、高校生、大学生、一般人の被験者に解いてもらう。

「ここにA、B、Cの三つの水差しがある。Aは二一d*l*、Bは一二七d*l*、Cは三d*l*の容量である。この水差しを用いて、一〇〇d*l*の水を用意するにはどうすればよいか。」

正解は、Bを一杯にしてから、Aの一杯分を棄て、さらに、Cの二杯分棄てると、残りが求める100dlだ、というものである。被験者はこういう練習問題一題を解いて、答え方（例えば、「B－A－C－C」と書くなど）の説明を受けた後、このような問題を五題解き、そのあと続けて「決定的問題」二題を解く。「決定的問題」というのは、その前の問題と同じように三つの水差しを使って正解に至ることはできるが、三つのうち二つを使うだけでも正解を得ることができるという問題である。ルーチンス（Luchins, 1942）によると、高校生、大学生、一般人を対象にした実験で、七五％以上の被験者は「決定的問題」に対して三つの水差しを用いて解いた。ただし、実験前に、「問題をよく見ろ！」と注意をうけ、「問題をよく見ろ！」という言葉を答案の上に書くように指示されたグループは、やや成績がよかったが、それでも二つの水差しで答えを出したのは約五〇％だった。ところが一方、練習問題に続いて、三つの水差しの問題を一題だけやったあと、すぐに「決定的問題」を与えられたグループは、ほとんど全員が、二つの水差しにより解答を出したのである。このことから、特定の方法で解決に至ることを数度経験するだけでも、人は「この種の問題はこう解く」というような機械的な解き方（手続き）に発想が固定してしまうという傾向を示すのである。

このように、ブルーナーが「最近二〇年間になされた学習と転移の性格に関するほとんどすべての研究成果の示すところによれば、適切な学習によって大量の非特殊的転移が得られるのはまさしく事実であって」と豪語した「非特殊的転移（第二の転移）」が実験的に検証されたという事実――すなわち、洞察や発見が、なんらかの実験要因の操作を加えた学習の結果促進されるに至ったということが明確に検証されたという実験事実――は、少なくともブルーナーが『教育の過程』を発表した時点では、むしろ「ほとんどなかった」といってよい。

転移はどうして生じるか

そもそも転移はどうして生じるのか。第一の転移についてならば、説明は簡単なように見える。新しい学習課題の中に、これまで学んだことが含まれていれば、それを適用するだけのことと考えればよいからである。それが他の刺激の中にまぎれていて、見えにくくなっているならば、「注意」をどういうところに向けるべきかについて、ヒントを与えたり、「そこに注意を向けること」を指示し、習慣づけるだけで、既習の知識や技能を生かすことができるわけである。さらに、そういうことに「注意する」ということが成功に導くならば、以後も、ますますそこに注意を向けるようになる、ということで、一応、「転移」(正の転移だけでなく、負の転移も)は説明できる。この考え方は、今日でも、広く「実践」されている。例えば、「そこに注意を向けること」の習慣化というのは、「メタ認知訓練」(自らの認知状態をモニターすることの訓練)と呼ばれ、しばしば「認知心理学の応用」とされているが、行動主義的学習論による「積み上げ式」転移論を一歩も出ていない。

ところが、ブルーナーが期待し、ゲシュタルト心理学が提唱している「洞察」や「発見」というような、一般性のある「学習の仕方の学習」となると、そのような能力がどのようにして生まれ、発揮されるかについて、明確な理論がなければ、どうすればそのような学習が生起することを促進できるかについての説明はできない。また、そういう「自ら発見すること」を中心とした「発見学習」なるもののカリキュラムの設計もできない。ところが、当時のゲシュタルト心理学では、洞察が生起する条件、そこでの知覚上の法則などを、プレグナンツの法則、近接の法則、包摂の法則、なめらかな連続の法則……というような抽象的な「法則」として並べ立てているだけであり、それらを喚起したり、促進したりする積極的な方策を明示するものではなかった。

体制化の理論へ向けて

ブルーナー自身、行動主義的学習観に対してははっきり批判的であった。人間は（否、ほとんどの動物は）、外界の刺激に対してただ受け身で反応しているだけではなく、積極的に意味を模索し、世界を意味づけようとし、自ら仮説を立ててそれを検証しようとしている、つまり、知識を自ら構成しようとしているのだ、ということをなんとかして心理学的に立証しようとしていた。このことは、ゲシュタルト心理学者たちだけではなく、ピアジェの発達心理学における基本テーゼでもあり、ブルーナーはピアジェからも大いに影響を受けていた。ピアジェらは、日常生活のなかで、幼児がその年齢相応に、洞察もし、発見もし、背後の原理を推察しながら、創造的に問題解決をしていることを示す様々なエピソードを観察していた。そのような観察をもとにするならば、子どもは明らかに「小さな科学者」であり、経験を通して「理論」を作りながら、まさに「構造」把握による「第二の転移」を通して、どんどん「かしこく」なっているのである。しかしこれらはあくまで長期にわたる日常生活の観察に基づく理論であり、具体的にどういう条件で、どういう意図的な場面設定で、そのような「洞察」を生起させることができるかは、まったくわからないままであった。

一方、ブルーナーは当時は実験心理学者として、子どもが仮説を生成しながら、「概念」を形成したり、特定の「概念」を同定したりする過程での様々な方略のモデルを実験的に検証していた(Bruner et al., 1956)。行動主義的学習観が圧倒的に支配していた当時の実験心理学の中で、人間を含む動物が、知覚や記憶を体制化しているということ、なんらかの「意味」へ向けて、世界をまとめあげようとしているということをなんとか実験的に検証しようとしたブルーナーらの研究は、当時としてはまさに「画期的な」研究であった。このような、人間を含む動物が、外界に対して「成功」と「失敗」の積み重ねで習慣を形成しているだけではなく、積極的に外界に向けて探索し、意味を構成し、自ら意味づけた一貫性のある行為を遂行していることを認め、むしろその心的プロセスを明らかにしていこうという研究の流れは、しだいにはっきりとしてきていた。それが、一九六〇年代の後半になって、明確に「認知心理学(cognitive psychology)」として結実したのである(Neisser, 1967)。

しかし、ここで十分注意してかからなければならないことがある。それは、人間を含めた動物が、実験室の中であれ外であれ、積極的に世界を探索し、意味のまとまりを構成し、仮説を立てて検証しているのだ、ということがどんなに多くの領域でくり返し明らかにされたとしても、そのような事実だけでは、単に人(動物)は状況によってはそのようにみごとに学習するものだというだけのことである。そのことだけからは「転移」の十分な説明はできないし、意図的に「転移」を促そうとする「教育」の論理は生まれてこない。

このことは、人が「構造」を学習していることについての数多くの実験事実を踏まえ、様々な「探索方略」を用いて自らの仮説を検証しようとしていることを示す実験を自らも重ねていたブルーナーでさえもが、「教育」を語るとき、そういう「構造」や「方略」を「教え込む」道しか示せなかったことを思い起こせば十分だろう。構造の把握や方略の形成を、「指示してやらせる（「教え込む」）」ということ以外のなんらかの外的働きかけで、学習者当人が発見したり発展させたりすることを促すことが、そもそも可能なのだろうか。一体、「教育的働きかけ」を正当化し、方向づける理論はあり得るのだろうか。

この問題をブルーナー以後の認知科学研究の流れの中から考えていくことにする。とりあえず、認知科学における主流となっている考え方に沿って考察していこう。

3　「転移」の認知科学的研究

「転移」は実験的に喚起できるか

子どもたちが日常生活での様々な経験の中で、単に見かけ上の類似性や過去の習性にひきずられることなく、ものごとの原理を探ろうとして仮説を立てたり、それを検証しようとしたり、意味のまとまりを自分で発見して新しい概念を形成したりしていることは、ありあまるほど観察されている。ところが、そのような発見や洞察について、なんらかの意図的操作によって、積極的に喚起を促すことができるのかという問題になると、これは、実験を重ねれば重ねるほど、むしろ「発見や洞察は生じない（妨げられる）」ということばかりが明らかになっているのである。

つまり、認知心理学が盛んになって、人間の認知過程の解明が一方でどんどん進み、実験手法が多様に開発されればされるほど、人間は「頭が固く」「視野が偏狭で」「新しいことを学べない」ということばかりが、これでもか、これでもか、と思い知らされるのである。この点については、レイヴが『日常性の認知行動』(Lave, 1988) の第二章で、認知心理学の分野で有名な四つの論文 (Reed et al., 1974 ; Hayes & Simon, 1977 ; Gick & Holyoak, 1980 ; Gentner & Gentner, 1983) の中の一四の実験結果を「実験室文化」のエスノグラフィーとして分析しているのを参照されたい。彼女は、これらの研究を分析した結果から、転移が実験室では実質的にはほとんど生じていない（かなり明示的に「方向づけ」を教示して、見かけ上転移が生じたような結果を生み出すこと以上のものではない）ことを暴き出すだけでなく、転移研究を含む「実験室文化」そのものの不毛性を指摘している。レイヴはこの結論をもとに、日常生活の中での人々の「自然な」学習をエスノグラフィーの手法で観察することに転向し、学習を「文化的実践への参加」とする見方を提起するに至った (Lave & Wenger, 1991)。

しかし、転移に関する限り、レイヴの結論はやや早急すぎるきらいがある。確かに、転移に関する実験的研究は、レイヴが指摘するように転移がいかに生じるかよりも、いかに生じにくいかを明らかにしてきたが、少ないながらもいくつかの研究では、実験室でも転移が観察されている。さらに、現実世界を含めて、私たちがものごとを学習したときに、その学習状況を「越えて」、新しい別の状況で生かすというのは、私たちの日常生活では厳然たる事実であるが、学習をレイヴの言うように「文化的実践への参加」と定義したとしても、この転移が日常ではなぜ生じるのかを説明したことにはならない。

知識表現と「転移」

知識が転移するかしないかを論じるためには、そもそも「知識」とは何かを問わねばならない。

行動主義の時代には、知識とは刺激と反応の連合（association）のシステムであった。ゲシュタルト心理学や、ピアジェの心理学では、知識というのは一般化されるべき「構造」（あるいは、「シェーマ」）によって関係づけられたものであり、現実に発現する行為や思考は、構造（「シェーマ」）のバリエーションないしはそれらの組み合わせだという見方をしていた。構造がどのように形成されるかについては、「同化と調整」の均衡化というような抽象的な原則が提唱されていたが、実験的操作に還元できるようなものではなかった。

認知科学では、知識とは、人間であれコンピュータであれ、私たちが「知的な振る舞い」とみなすようなアウトプットを産出する内的システムのことであり、通常は、頭の中に構成されるとされるシンボルの表象系（representation system）であるとされる。認知科学では、この「表象系」をめぐって様々な議論が展開した。以下ではこの点をややくわしく紹介する。

手続き的知識と宣言的知識

認知科学の中で、人間の思考過程をコンピュータの情報処理過程と基本的には同じようなプロセスであると見なして、人間の情報処理過程のモデルを構築し、それをコンピュータのシミュレーションや、人間を対象にした実験室での実験で検証していく立場は、「情報処理的アプローチ」と呼ばれている。情報処理的アプローチでは、人間の「知識」は脳の中でなんらかの記号で構成された表現形式を備えているものとする。さらに、この「頭の中の知識の表象形式」については、コンピュータ・プログラムでそのモデルを構築し、それをシミュレーションなり実験なりで「検証」していくことができるとし、そのような研究方略がとられる。

さて、「頭の中での知識の表象形式」については、ウィノグラードが区別した「手続き的知識(procedural knowledge)」と「宣言的知識(declarative knowledge)」がある(Winograd, 1975)。この区別は、もともとは、コンピュータに「知識」をもたせようとする際のプログラミング技術の開発に関する二つの系統に端を発した区別であった。一つは、ニューウェルやサイモンらにより論理学の定理証明から数理的なパズルを解くプロセスのシミュレーションの過程で開発された「プロダクション・システム」というプログラミング技術の系統で、知識というのは、「もしも……ならば、……を実行する(If A, then B)」という、条件(A)と行為(B)の連鎖の集まりで表現できるとする。この系統の表現形式で表現しやすい知識が、ウィノグラードのいう「手続き的知識」である。もう一方の系統は、人間の長期記憶における「単語の意味」について、連想記憶の実験データをもとにシミュレーションを構成する研究（Quillian, 1968）に始まり、ノーマンやラメルハートらを中心に開発された文章理解と文の産出過程などのシミュレーション研究（Norman et al., 1975）で採用されてきた「意味のネットワーク（semantic network）」の表現形式で、このような表現形式で表現しやすい知識をウィノグラードは「宣言的知識」と名づけたのである。ウィノグラードは、「手続き的知識」と「宣言的知識」の区別は、認識論哲学での古くからの区別、knowing-how と knowing-that（Ryle, 1949 参照）に対応するものであるとした。

手続き的知識というのは、実際にモノや記号を操作する知識（行為の知識、「できる」知識）である。この知識は、実際に対象を操作する行為をくり返すことによって習得され、練習量に応じて「自動化」が進む。つまり、いくつかの手続きがまとまりをもち、そのまとまり内の実行は無意識のうちに行われるようになるのである。熟達すると、どういう条件のときにどういう一連の行為（行為の「まとまり」）を実行するかについて、わずかな手がかりで瞬時に判断できて、あとは「からだが勝手に動いてくれる」ようになるのである。

一方、宣言的知識というのは、世の中のモノやコトについて「理解する（「意味」がわかる）」知識であり、「AはBなり」というような宣言命題で表現できる知識である。したがってそこでは「真か偽か」（ほんとうかウソか）が問題になり得る。一貫した命題の体系は一般に「理論」とか「モデル」

と呼ばれる。すべての人は、世界のできごとについてなんらかの「理論」ないしは「モデル」をもっていると考えられる。世の中のモノやコトに対しては、「AはBなり」という（ある程度一貫した）「論理的体系」として認識していることもあるが、「AはBみたいなもの」として、つまり、メタファ、あるいはアナロジーとして認識している場合もある。これも、いちいち明確なイメージを当てはめていることもあるが、たいがいは、ほとんど意識にのぼらないところで、なんとなく「……のようなモノ（コト）」と見なしている。日常生活で使っている言葉は、そういう暗黙のメタファに満ちあふれている（Lakoff & Johnson, 1980）。

手続き的知識と宣言的知識の区別は、その後、アンダーソンが、記憶実験、問題解決実験などの詳細なデータをもとに、人間の記憶に関する総括的なモデルであるACTシステムを提唱する際に、あらためて取り入れられた（Anderson, 1976）。アンダーソンは、人が宣言的知識をどのように手続き的知識に「翻訳」するかが、課題解決の方略生成に決定的な意味をもつことを明らかにしている。

例えば、筆者が実際に子どもに教えて経験したことだが、子どもが「時速」というのが「一時間に進む距離」であることを「知って」（教えられ、わかり、おぼえて）おり、「自転車Aは時速七kmで進む」ことを「知って」（教えられ、わかり、おぼえて）いても、「それじゃあね。この自転車が七km走るのにかかる時間は何時間になるの」という問題を出されると、まったく「答えられない」ことはしばしば生じる。それは、問題を解く「手続き」に先の「知識」を利用すること自体、そもそも「考えもしなかったこと」だからである。

手続き的知識と宣言的知識の区別は、その後、一九八〇年代後半にいたって認知科学が神経回路網のモデル化に傾いた中で比較的忘れ去られていたが、最近、あらためて注目されてきている（Pennington & Rehder, 1995）。また、脳科学の発展に伴い、宣言的知識と手続き的知識の違いはそれらを司る大脳の部位の違いと対応があることも明らかになっている。例えば、間脳機構（diencephalic structure）の障害は、宣言的知識の記憶に障害が現れるが、手続き的知識の記憶には障害をきたさない（Squire, 1986）。また、健常者にスコポラミン（scopolamine）を投与すると、宣言的知識には障害が生まれるが、手続き的知識には障害が出ない（Nissen, 1992; Nissen et al., 1987）。また、運動前野に障害のある人は手続き的知識の体制化（手続きを順序立てて実行することで課題解決をするプラン形成）ができなくなることは古くから知られているが、チンパンジーの脳の破壊実験で、運動前野を破壊されたチンパンジーが、手続きを組み立てることができなくなることが実証されている（丹治、一九八八）。

手続き的知識の特徴

手続き的知識の特徴は、実際にくり返し実行することによって習得され、練習量に応じて「自動化」が進むことである。自動車の運転やワープロのキーボードの操作がよい例で、熟達してくると手や指の運動はまったく無意識のうちに実行されるようになる。手続き的知識が「熟達する」というのは、自動化が進むことであり、外界のわずかな（しかし決定的な）手がかりに注目して、瞬時に適切な行為体系を反射的に実行していけるようになる。

手続き的知識と紛らわしい概念に、タルヴィング（Tulving, 1972, 1984）の言う「エピソード的知識」がある。* エピソード的知識というのは、「いつ、どこで、誰が、何をする」というような、事象の時系列の知識である。当然、自分自身の経験やなんらかの「物語」についての知識であり、通常はなんらかの情感を伴っている。タルヴィング自身は、この「エピソード的知識」の記憶（「エピソード記憶 episodic memory」）はものごとの真偽が問題になる「意味的知識」の記憶（「意味記憶 semantic memory」）と対になって、「命題的記憶（propositional memory）」（ウィノグラードの言う「宣言的知識」の記憶）を構成しているとした。しかし、失語症の患者のデータなどから、「エピソード記憶」は手続き的知識の記憶（タルヴィングの言葉では「手続き記憶 procedural memory」）と同じか少なくともかなり共通したものではないかという疑問も出されている。失語症患者は一般には宣言的知識の記憶はほとんどできないが、手続き的知識は獲得することも想起（過去の記憶の再生）することもできるという。例えば、彼らはジグソー・パズルや「ハノイの塔」のパズルが解けるし、学習効果もあるという。ところでタルヴィングが「エピソード記憶」の検出を主張する学習実験でも、失語症患者は特に困難さを表さないという。このことから、エピソード記憶はタルヴィングが主張するような命題記憶ではなく、本来、手続き記憶（手続き的知識の記憶）なのではないかという疑問が出されている（Baddeley, 1982）。

* タルヴィングは、「記憶」における心理実験を手がかりにして「エピソード記憶（episodic memory）」と

「意味記憶（semantic memory）」の二つを「命題記憶（propositional memory）」（ウィノグラードの言う「宣言的知識」の記憶のこと）における二つの知識表現形式として提案した。認知科学では、記憶というものは「知識」がなんらかの表現形式で構成されたものとしているので、本章では「エピソード的知識」として「エピソード記憶」の頭の中での表現形式を指すことにする。

おそらく、手続きに意味的な裏づけ（なぜそうするのがよいか、そうしないとどうなるのかなどの吟味）を伴っているときは、少なくとも宣言的知識と強く結びついたものになるだろう。それに対し、具体的な状況の中で、一定の手続きをただ「やっている行為」の中で獲得し、熟達すればほとんど内観されることなく発揮されるスキル（楽器の操作やタイプライターのキーボードの操作など）は、純粋に「手続き的知識」に属する。憶測だが、タルヴィングのエピソード記憶課題（有意味単語系列の記憶）も、まったくの機械的作業手順として「丸暗記」してしまうならば、手続き記憶だが、一般の被験者がごく自然に実行しているように、意味やイメージの関連を構成して覚えるならば、命題記憶としてのエピソード記憶であろう。

宣言的知識の特徴

一方、宣言的知識というのは、世の中のモノやコトについての知識であり、「AはBなり」というような宣言命題で表現できる知識である。一貫した命題の体系は一般に「理論」とか「モデル」と呼ばれる。すべての人は、世界のできごとについてなんらかの「理論」ないしは「モデル」をもっていると考えられる。もっとも、科学者でもない一般人や子どもが、ものごとをすべて「理論的に」考えているとか、厳密な「モデル」から演繹しているのだとか、自分の「理論」を論理的に説明できるというわけではない。無意識のうちに、世界のできごとを自分なりに「つじつまのあったこと」として納得していることを指しており、心理学では、「素朴理論 (naive theory)」とか「メンタルモデル」と呼ばれている。人とはどういう存在か（例えば、人には「心」があるか）、生き物とはどういう存在か（無生物とどうちがうか）、物体の運動とは何か、力とは何か、重さとは何か、などなどについて、自分の経験を通して、自分なりに納得していることがらの体系があり、それが経験を通して、しだいに、より豊かな、より一貫したものになってゆく、というわけである。

手続き的知識はどのように転移するか

まず、手続き的知識から、その「転移」を実験的に生起させること（もちろん、単に「教示」すること以外の方法で）の可能性を考えてみよう。

ところで二つの作業の間に要素的手続きが共通して含まれているからといって、一方の作業の習熟が他方の作業の学習に転移するとは限らない。そのよい例は、ケンドラーらによって開発された実験課題である。ケンドラーが実験に用いた装置は、図2にあるように、ボタンを押すとビー玉が出てくる赤い箱、ボタンを押すと鉄の玉の出てくる青い箱、さらに、ビー玉を入れたときだけおもちゃが出てくる白い箱である。ケンドラーの実験では、子どもは当初、赤い箱と青い箱で遊び、ビー玉がほしいときは赤い箱、鉄の玉がほしいときは青い箱のボタンを押すことを学習する。次に、玉を入れるとおもちゃが出てくる白い箱で、ビー玉のときだけおもちゃが出てくることを学習する。これが確実に習得された段階で、今度は三つの箱が全部使えるようにして、「おもちゃを出してください」と要求するのである。正解は、「赤い箱のボタンを押してビー玉を出し、それをまんなかの箱のスロットに入れておもちゃを出す」というものである。ところで、ケンドラーらの実験では、幼稚園児の場合、この課題を自力で解決できたのはわずか六%だった（Kendler & Kendler, 1967）。つまり、すでに習得された手続き（ビー玉を出す手続き）が、次の課題に含まれているにもかかわらず、その手続きはほとんど転移しなかったわけである。

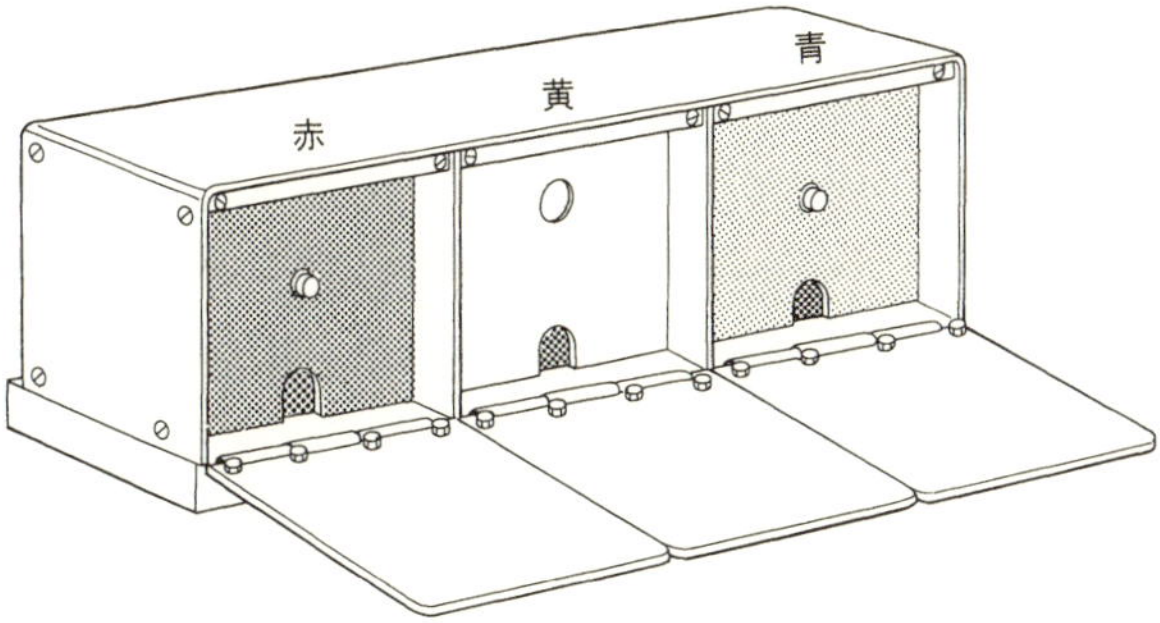

図2　ケンドラーが実験に用いた装置（Kendler & Kendler, 1967, p. 164）

ケンドラーらの実験は、コールらによって、アフリカのクペル族の成人に試されたが、彼らはケンドラーらの実験での幼稚園児と同様、まったく解決できなかった。ところが、コールたちは、ちょっとした工夫をして、クペル族の人たちが何の問題もなく解決できるようにした。それは、彼らがカギをマッチ箱にしまう習慣があることを利用し、赤いマッチ箱に入っているカギで開ければ、おもちゃが入っている箱が開けられる（青いマッチ箱のカギでは開けられない）という条件を設定したのである（Cole et al., 1971）。

コールたちの実験報告にヒントを得て、ヒューソンは、この装置と実験手続きに若干の変更を加えただけで、五歳児が何の問題もなく一〇〇％、四歳児でも九〇％の正答率で最後の課題が解けるようにした。変更したのは、ボタンを押してビー玉や鉄の玉を出すのではなく、ただ箱を「引き出し」にして、赤い引き出しにビー玉、青い引き出しに鉄の玉を入れたのである。さらに、おもちゃを出す箱を前にして、ビー玉でおもちゃが出せて鉄の玉では出ないことを、「とりかえっこ」のゲームをして習得させた。ビー玉は別のビー玉ととりかえてもおもちゃが出せるが、鉄の玉では出ないこと、鉄の玉同士はいくらとりかえてもおもちゃを出せない、などということを実際のゲームで習得したのである（Hewson, 1977）。

コールらの実験とヒューソンの実験から考えられることは、まず、手続きが転移するためには、習得された手続きが次の課題に含まれているというだけではだめだということである。大切なことは、作業を構成する中で、その（既習の）手続きを使うということが当然のことになるなんらかの「必然性の文脈」が知覚されなければならないことである。ケンドラーらの実験で、「ボタンを押すとビー玉（あるいは鉄の玉）が出る」というのは、マカ不思議な装置の、「訳がわからないけれどもそうなっている」シカケを楽しむゲームだった。それはそれなりにおもしろいけれども、そのゲームはそういう不思議な装置で遊ぶというゲームとして完結しており、それでオシマイなのであった（次に起こるべきなんらかのできごとに備えるという必然性がまったくなかった)。このことはクペル族の成人たちにも言えることで、彼らはその装置のシカケに興味をもって、箱をいじくりまわしてあちこちを探索していたという。そこでは確かに「赤い箱のボタンを押すとビー玉が出る」ことをくり返し経験したが、彼らの関心事は「どうしてボタンを押すと玉(ビー玉であれ、鉄の玉であれ)が出てくるか」に集中しており、その段階ではどっちの箱からどっちの玉が出るかは「どうでもよいこと」だったのだ。

ところが、クペル族の人たちには、マッチ箱にカギを入れることは「そこでコトが完結する話」ではない。大事なものを「しまっておく」ことは、あとでほしいときに「しまってあるものを取り出す」ことに備えた行為である。しかも、こういう「あとで生じることに備えて」やっておくということは、日常的にやっていることである。また、カギは適切なカギでなければ開かないこと、適切なカギを探してきてそれを使うということも自然な結びつきであった。一方、ヒューソンの実験での、引き出しにビー玉か鉄の玉を「しまっておく」ことも、子どもにとってごく自然な活動の文脈の中で、やはり「あとで生じることに備えた」行為である。また、ビー玉でしか開かない装置だということは、とりかえっこのゲームで思い知らされ、「鉄の玉ではなく、まさにビー玉が必要だ」ということを覚えておいて使うということも、それなりに必然性のある事態として、やはり「あとで生じることに備えて」覚えておくことが当然なことになっていたのである。

結論として、手続きの学習についての転移は実験室でも確かに生起する。しかし、そのためには、手続きが「埋め込まれる」（つまり、より大きな分析単位の）状況が、被験者の経験世界の実践の文脈の中で、あとで生じるかもしれないこと、あとでやるかもしれないことに備えてやっておくことであり、「やる意味があること」だということが条件になっているのである。*

* このように、「あとで生じることへの備え」は、言語学では「プロレプシス（prolepsis）」と呼ばれている（Rommetveit, 1979）。ストーンらはこの「プロレプシス」こそがヴィゴツキーの言う「最近接発達領域」におけるコミュニケーションの構造だとしている（Stone, 1993；Stone & Wertsch, 1984）。

あるいはこう言ってもよいだろう。日常の実践活動では、あらゆる手続きは、その場の状況に応じて、多様に結びつくことで一連の行為（活動）に目標が付与され、意味づけがなされる。たとえ当初はそれらが明確になっていなくとも、それとなく次に起こることと関連づくことが期待されたとき、それに「備える」ことから、なんの苦もなく「転移」は生起し得るのである。それが従来の（例えばケンドラーらの実験に見られるように）、実験者が「認知」に関する情報処理的心理学の仮説から、命題の恣意的な組み合わせで別の命題を導くように、頭の中で「転移」命題が導出されるはずだと（まさしく工学的に、あるいは、形式論理的に）勝手に想定した実験では、「転移しない」のである。したがって、実験室でも（そしてこのことは、そのまま「教室」でも当てはまるのだが）、活動に目的や意味をもたせ（即興的にその場で生まれることもあるが）、手続きの結びつきが「あとで起こるかもしれないことに備えておく」という意味で、日常経験に照らしても「もっともだ」と納得できるような状況が形成されれば、転移は確実に起こるのである。

宣言的知識はどのように転移するか

カーミロフ＝スミスらは、子どもが物体の「釣り合い」をとる試行錯誤から、しだいにそれを反省的に吟味し、組織的に「実験」することで、物理的因果の法則の認識に至るプロセスを分析している（Karmiroff-Smith, 1984, 1992; Karmiroff-Smith & Inhelder, 1974）。カーミロフ＝スミスらは、四歳から九歳の子どもに図3のようなブロックを平均台のレール上に均衡化させる課題を与えた。Aタイプのブロックは、文字通りの中点で均衡化するもの、Bタイプは、見かけ上明らかに非対称のブロックで一方の端が他方より重いことが外見から明らかなもの、そしてCタイプは見かけ上はわからないが、一方の端に鉛の重りが埋め込まれている（横から見ると鉛が入っているのが見える）ものであった。

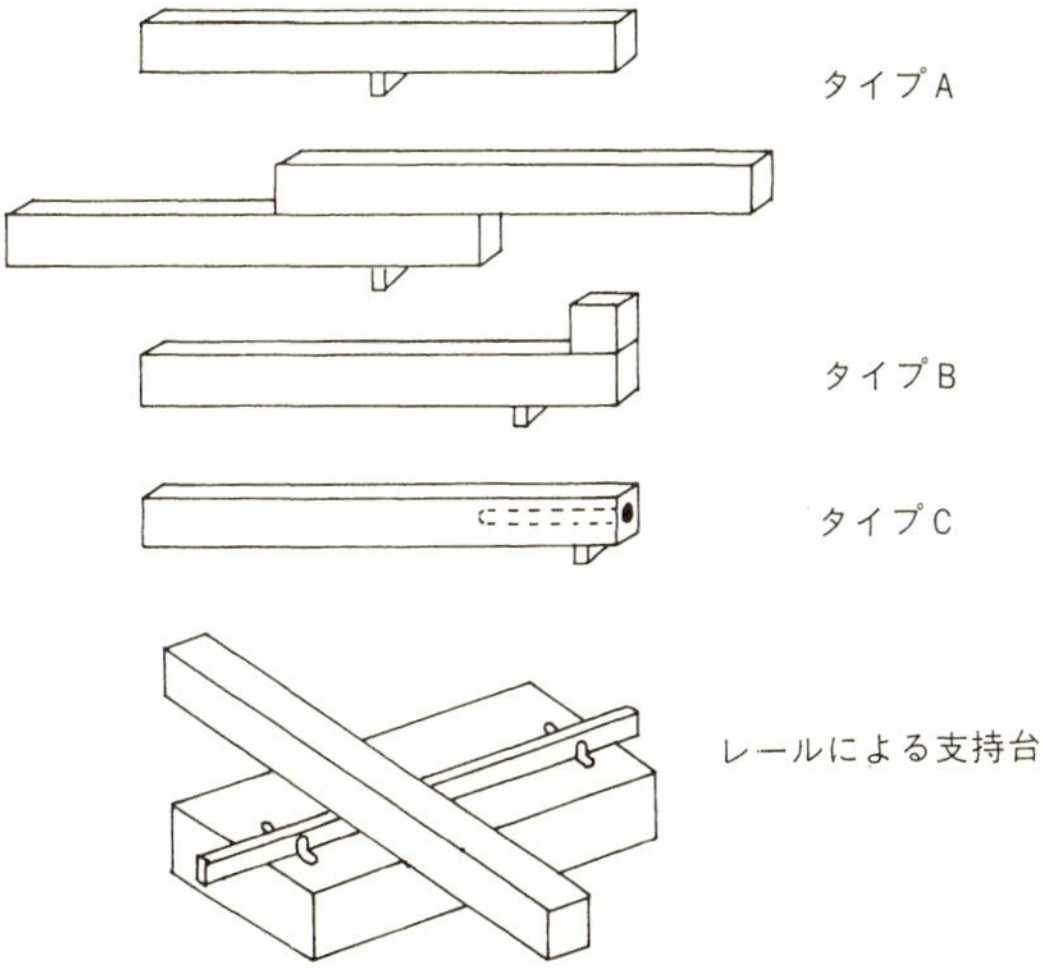

図3　ブロックを平均台のレール上で均衡化させる課題（Karmiroff-Smith, 1984, p. 47）

四歳から六歳まで（第一段階）の子どもは、

どのタイプの問題も無関係に、ともかく置いてみて、均衡するかどうかを観察し、いわば「試行錯誤」で——実際には、バランスの崩れ方に応じて即座に調整するという、無反省的だがそれなりに「知的」な探索なのだが——、それぞれの形に応じた支点の移動ですべて均衡化させることができる。ただし、この段階の子どもの場合は、試してみるブロックには一貫性はなく、それぞれが独立の課題として、それぞれのブロックの「動き」（バランスを「崩す」ときの早さ、加速度、モーメントなど）から、無反省的に、しかし十分知的に——すなわち、それぞれの「動き」に適切に対応し——それぞれ固有の対応方法を編み出すことに成功するのである。この段階では、子どもは「不安定なものを安定にする」行為を通して、環境との相互作用の中で、言葉にならない「意味」を抽出しているわけで、ギブソンが言う「アフォーダンス知覚」をもとにした「知」であると見ることができる（Gibson, 1979; 佐々木、一九九四）[*]。

＊　ちなみに、佐伯らは、五歳の子どもが、きわめて「リアル」な動きをするパソコン画面上の「てんびん」棒のバランスを、「適切に」調整できることを観察している。すなわち、「手放したときに最初に倒れ込む側に支点をずらす」「すばやく大きく倒れ込めば大きくずらすが、ゆっくり小さく倒れ込めば、わずかにずらす」「反対側に倒れ込めば、逆方向にずらす」というような調整技術は、きわめて早い段階で習得してしまう（佐伯・村山、一九八七）。

ところが、六歳から七歳（第二段階）の子どもは、ともかく見かけ上の中点にこだわる。どのブロックも、まず中点で均衡化させようとする。どうしてもできないと、「これは釣り合わせることができない」といって投げてしまう。実験者がやって見せても、まったくできないし、当人のやったあとを修正して見せてもダメである。ようするに、自分で作り上げた「理論」（Aタイプでは成功した理論）に固執しているのである。*

＊　興味深いことに、彼らもこのようなブロックをバランスさせて「橋を作る」といった活動の中では問題なくバランスさせることができるという（Karmiroff-Smith, 1992, Chap. 3）

さらに七歳から九歳（第三段階）の子どもになると、Bタイプのもので中点でダメだとわかると、ただちに、実際の動きをていねいに見直し、しかも組織的に観察して、自分の「理論」の修正をする（ギブソン流に言えば、アフォーダンスの「取り直し」ということになろう）。そして次に、同じようなブロック（同じBタイプのもの）を取り、今度は最初から中点でない、重い方に支点をずらしたところから始める。すなわち、自らの理論修正（新しい理論）の正しさを検証しようとするのである。このようにして、自らの理論を発展させることができる。

このような結果から、子どもは当初のそれぞれの課題に固有の方略でただ「うまくゆけばいい」とする段階から、あらゆるケースに対応できるような「理論」を自分で作り上げようとすることがわかる。ここで、「理論」と呼んでいるものは、ルールとか命題といったような言語的表象か、少なくともそれに近いなんらかの「表象」で表されたもので、個別の文脈を越えて一貫して当てはまるものと、学習者自身が信じているものである。第二段階以降の子どもは、そういう「理論」の存在を信じ、そういうものを発見しようとし、それを「当てはめて」世界を理解しようとしているのである。*　この場合の「理論」というのが、手続き的知識と区別された「宣言的知識」に対応している。

＊　ここでは、「理論」をルールや命題のような言語的表象としたが、カーミロフ＝スミス自身の別の観察報告（Karmiroff-Smith, 1979）にもあるが、子どもは「図（略図）」を描いて「動き」の規則性を把握する場合もあるので、むしろ「一般化を想定した表象」とでも言い換えた方がよいかもしれない。

ここできわめて重要なことは、六歳から七歳（第二段階）の子どもが、自分の「理論」が破綻している事実を見せつけられても「理論」の修正をしないで、事実の方を無視する（「なんだかわからないこと」として思考の対象外におく）ということである。このような、自らの「理論」の一貫性に固執することは、言語の発達段階でも見られることで、例えば、筆者の子どもも言葉を覚えはじめたころ、「いたくない」「おいしくない」などを一般化し、「好きくない」「きれいくない」という言い方に一時固執していた（米国の例では、went のかわりに、wented とか go-ed などと言ったり、feet のかわりに、feets とか foots と言ったりする時期があるという）。このような「理論」への固執はのちにそれをより一般性のある「理論」にしてゆくためにはむしろ重要な意味をもっており、認識の発達の「後退」を意味するわけではない。

七歳以上（第三段階）の子どもは、「理論」が当てはまらない事態に至ると、あらためて見方を変えて（別の分析単位、別の活動の流れとして）再びかつての「理論以前」の知覚（身体全体を通したアフォーダンスの抽出）に戻ることができる。そこで新たに再・知覚を行い、それに基づいて「理論」の再構築（再表象）を試みることができるのである。＊

＊このように考えると、アフォーダンスの抽出は、四、五歳児の段階では、ブロックをバランスさせるときの「手続き的知識」の源泉であり、習熟するにつれてよりスムースに、手際よく、バランスさせることができるようになるだろう。ところが、八歳児の段階では、アフォーダンスの抽出は、自らの行為の理論化のための「データ」となり、「宣言的知識」の源泉に位置づけられると見ることができる。

ところで、ものごとの理解を深めるときに、カーミロフ＝スミスらが観察した「理論作り」や「理論の作り直し」というような、「表象形成」「表象修正」のプロセスが介在するということは、年齢的な段階というよりも、あらゆる認識（ここでいう宣言的知識）の発生過程には必然的に生じる段階ではないだろうか。このようにして構成される宣言的知識は、当然のことながら「転移」する。むしろ、知識の「転移」を予想してこそ、理論や表象を作り、修正しようとしているのだ、と見ることができる。

4　転移の心理学と心理学の転移

経験の再編としての転移

前記のように、レイヴの批判にもかかわらず、転移は実験室でも実際に起こっている。

「手続き」の転移の場合は、新しい活動の単位（以前の活動を「部分」に埋め込んでしまう、より大きな活動単位）が予見できるときに、人は自然に「それに備える」のであり、そのような「備え」

が生じているときには、見知らぬ新しい活動でも、以前の技能が自然に、即興的に、活用されるのである。

こうなると、転移というのは、手続き的知識の転移の場合でも、ソーンダイクの要素共有説とは本質的に異なる、いわば「経験の再編」によって実現していることがわかる。すなわち、何が「要素」となるかは、後の活動が前の経験を編み直す中で決まるのであって、部品を組み立てるようにして後の活動が積み上がって「構成」されるわけではない。

人はたとえ未知だとしても、後の活動がどういうものかについてなんらかの「備え」をする。むしろ私たちは常に何かに「備え」ながら生きているとも言える。過去の経験が別の単位のもとに「編み直される」可能性を予見し、それへの対応を準備する。この「何ものかに備える」身体のありようは、環境にある様々な事物をその都度的に利用するし、また、将来利用できるような人工物（見えるモノ、さわれるモノ、動かせるモノ）を創出もする。

かくして、人の物事への「備え」は、文化によって生み出されると同時に、文化を生み出すものにもなる。当然のことながら、人は「すべて」に備えることはできないので、予期していない事態や、日常生活とかけはなれた事態に直面すれば、生かせる技能も生かすことができなくなる（これが、実験者にとって「転移するはず」の作業で、まったく転移しないという結果を生み出すことにもなる）。

これと同じことが、宣言的知識の転移についても言える。人は未知なる世界に備えて、「理論」を作ろうとしている。あれこれと個別の経験をなんとか「まとめて」把握できるような「表象」（なんらかの「形」に表現されたもの）を作りだそうとする。もちろん、そういう「理論」や「表象」に囚われてしまうということも起こる。しかし、現段階では未知であっても、「もっと別の見方」「別の捉え方」、あるいは、「別の世界」があり得ることを予見し、それに「備えて」いるかぎり、現在の「理論」や「表象」が当てはまらない事態への注目を怠ることはない。

手続き的知識が人工物を生み出し、人工物によって活動の新たな単位を生成し、それによって手続き的知識を新しい手続き的知識に「転移」させてきたのと同じように、私たちは世界が何であるか、どういうものかについての「理論」を創出し、それによって視点を変えたり、ばらばらなできごとを「集約」したりすることで、新たな「理論」を作り上げつつ、知識を「転移」させているのである。

ここでの「理論」は、予期される別経験に向けて橋渡しする、暫定的なものであり、常に修正可能なものとして構築したものである。それに「基づいて」（資源として）考えることも一方ではするが、他方では、それが修正される可能性に備えて、現実世界のできごとに注意深く目を配ることも同時に行っている。この意味で、理論は「間・領域的」活用を見込んで暫定的に「備えて」——当然、どういう課題領域が次にくるかをそれとなく予見しそれに「備えて」——学習者が自ら用意する資源である。

「表象主義」の破綻

ここまで考えてくると、奇妙なことに気づく。それは、認知科学が人の「頭の中の知識」として想定した手続き的知識と宣言的知識は、その存在と形態を明らかにしようとする実験を通して、実はそれが「頭の中」のことでは済まないことが、明白な事実として浮かび上がってきた、ということである。人が学習を転移させているということは、人が頭の中のしくみに従って情報処理をしているわけではないこと、つまり、未知なる何かに備えて、外界と関わり、新しい「意味」(言葉にならない、行為の単位としての意味、もしくは、暫定的に「のようなもの」として表象する理論としての意味を含む) を絶えず創出すると同時に、それを修正し、調整しようとしているのだ、ということが明らかになった。

つまり、知識は、実践活動の中で、「頭の外」への実践活動を通して転移しているのであり、未知なる世界での実践活動を導くのは、「頭の中のしくみ」のなせるわざではなく、「表象 (頭の中の表象であったり、外部に記録される表記であったり) を変えながら、世界によりよく対処しようとする」私たち「人」全体の実践活動そのものだったのだ。この意味では、レイヴが「頭の中の表象」を検証しようとしてきた実験室的研究を批判し、人々の日常生活での実践を、まさに実践として観察することに向かったことは、正当な「方向転換」であったと言えよう (Lave, 1988)。

しかし、ここで注意すべきことは、表象主義の破綻は「表象」そのものの否定を意味するわけではないということである。それを「頭の中のこと」に閉じこめて、人間行為の説明をしようとしてきたことが間違いだったというわけである。手続き的知識にせよ、宣言的知識にせよ、私たちは何とかしてそれを発展させるべく (「転移」させるべく)、なんらかの「形に表す」方策を試みる。「頭の中」

では、カーミロフ＝スミス(Karmiroff-Smith, 1992)の言う「表象の書き換え(representational redescription: RR)」による一種の「理論作り」であるが、それはその文化歴史的な起源としても、また、実践活動としても、具体的なカタチをもったシンボルや図式の創出や利用と結びついたものである。私たちの文化の実践の中では、それらは、数式であったり、グラフであったり、略図であったり、「言語による表現」であったり、道具であったり、装置であったりする。そういう表象やシンボルの創出と利用の活動の中で、またそのような活動への「備え」の中で、人々はたくみに「転移」を果たしている。

　科学社会学者ラトゥールは私たちが文化の実践の中で外在化し具体的なカタチに残しているシンボルを「表記(inscription)」と呼び、太古の時代から科学はひたすらそのような「表記」の「なだれこみ」*(cascade)によって、発展してきたという。ところが、ラトゥールはそれらが、同時に、支配と管理の「中枢」を構成し、見えざる権力の支配を可能ならしめてきたという。またそれが、現実から遊離した「計算主義」を生み出し、「表象(記号や数字)」の操作だけで、世界の操作が計画され、実行されるとする錯覚を肥大化させてきたのだという(Latour, 1987, 1990)。人間の思考を記号の「計算」(情報処理)であるとする表象主義的認知科学は、そのような科学の歴史的発展の必然的な「行き着く先」だったと見ることもできよう(Suchman, 1990)。

＊　ここで言う「なだれこみ(cascade)」というのは、一つの表記が用いられると、その表記を集計し、統合する表記を必要とする、という形で、ますます抽象度の高い、リアリティから離れた表記を生成することを

指す。それらがすべて、なんらかの「管理の中心」を形成し、それが「見えざる支配者」に成長していく、という（Latour, 1990）。

このように考えると、「転移」を表象主義から説明しようとしてきた認知心理学／認知科学は、心理学の「人工知能化」を企てていたと見ることができる。さらに、その「破綻」は、「人工知能」なる企ての破綻を意味すると同時に、心理学自体の「出直し」を示唆するものである。

すなわち、「転移」はシンボルの形式的なルール（原理、法則）の組み合わせから（自動的、計算論的、機械的に）導出されるものという「表象主義」の前提から、それを人間の思考に「当てはめて」転移を予想して実験すると、被験者は執拗にそれを拒絶していたことがわかった。これは、「人工知能」で人間の思考のメカニズム（まさに、「機械的」構成体）を作り上げようとする試みと同じことであり、「人工知能」が限定された作業領域を越える人間の「知」をほとんどなんら再現も解明もできなかったことと同じ「結末」を、転移の実験心理学もたどっていたことを意味している。

心理学の転移に向けて

ここで、あらためて「心理学」という学問のいとなみを考えてみよう。

心理学というのは、ヴントが「実験心理学」を標榜して以来、人間の心的いとなみをなんらかの法則や原理で理解するための宣言的知識を構成し蓄積しようとする文化的実践であった。そこには、カーミロフ＝スミスらの実験での第二段階と言うべき、「一般化したルールや命題」を当てはめて理解し、それに「当てはまらないこと」は、「なんだかよくわからないこと」として、考察の対象から除外するということが生じることをどうしても避けられない。また、ラトゥールが指摘するように、「表記（inscription）」を集約する表象を次々と生み出し、それがどんどん現実世界と離れた、脱・文脈的な「一般化」による統合と管理の幻想を肥大化させてきたことも確かである。

本来は、心理学者はそのことを自覚し、カーミロフ＝スミスらの言う第三段階として、常にナマミの人間のいとなみを捉え直し、再理論化へ向けて、絶えざる修正をするだけでなく、これまでの「見方」そのもの、「分析の単位」の見直しをしていくことが期待される。つまり、学習の「転移」の心理学研究の歴史から「学んで」、心理学自身が転移することが期待されているのである。

心理学と教育実践の間で

筆者の立場では、心理学と教育実践との乖離を埋めるために、心理学を教育実践に「接近」させるべきだとも、教育実践を心理学に「引き寄せる」べきだとも、いずれの見方もしない。むしろ、心理学は一九世紀的な意味での科学（原理や法則を実証的に確立する学）を目指すのではなく、人間の活動の生きた姿をできるかぎり正確に描き出し、そこから実践上の意味を多様に引き出せるような表象（represention）、ないしは「表記（inscription）」を提供しつつ、それを現実に即して修正しつづけることに徹するべきだと信じる。特に、抽象性や一般性を目指すあまり、表象の操作だけで世界を集約し管理する手段と正当化の根拠を提供してきたこれまでの心理学（特に、表象主義や計算主義）の傾向に毅然として「逆流」を迫るような「記述」を提供し、人々に知らせるべきである。

さらに、人が何であるか、世界が何であるかという「知」(knowing that)と、いかにふるまうべきかの「知」(knowing how)は、実践活動の「捉え直し」(それこそが、本来の意味での「学」)を経て、ますます、見えざる未来への備えを生み出すはずである。心理の「学」をそのような「捉え直し」の実践として位置づけ直すことで、心理学は教育実践だけでなく、人間のあらゆる実践と協力関係を保ち、一体となって、豊かな文化の享受(appreciation)と創造(creation)に参加していくのではないだろうか。

文献

Anderson, J. R. 1976 *Language, memory, and thought.* Lawrence Erlbaum Associates.
Baddeley, A. D. 1982 Domains of recollection. *Psychological Review*, **89**, 708-729.
Bruner, J. S. 1961 *The process of education.* Harvard University Press. 鈴木祥蔵・佐藤三郎(訳) 一九六三 『教育の過程』岩波書店。
Bruner, J. S., Goodnow, J., & Austin, G. A. 1956 *A study of thinking.* John Wiley. 岸本弘ほか(訳) 一九六九 『思考の研究』明治図書。
Cole, M., Gay, J., Glick, J., & Sharp, D. W. 1971 *The cultural context of learning and thinking: An exploration in experimental anthropology.* Basic Books.
Gentner, D., & Gentner, D. R. 1983 Flowing water or teeming crowds: Mental models of electricity. In D. Gent-

ner, & A. Stevens (Eds.), *Mental models.* Lawrence Erlbaum Associates. pp. 99-129.

Gibson, J. J. 1979 *The ecological approach to visual perception.* Houghton Mifflin. 古崎敬ほか（訳） 一九八五『生態学的視覚論』サイエンス社。

Gick, M. L., & Holyoak, K. J. 1980 Analogical problem solving. *Cognitive Psychology,* **12**, 306-355.

Harlow, H. F. 1949 The formation of learning sets. *Psychological Review,* **56**, 51-65.

Hayes, J. R., & Simon, H. A. 1977 Psychological differences among problem isomorphs. In N. J. Castellan, D. B. Pisoni, & G. R. Potts (Eds.), *Cognitive theory,* Vol. 2. Lawrence Erlbaum Associates. pp. 21-41.

Hewson, S. N. P. 1977 Inferential problem solving in young children. Oxford University, Unpublished doctoral dissertation. Cited in M. Donaldson 1979 *Children's mind.* W. W. Norton. pp. 50-51.

Hilgard, E. R., & Bower, G. H. 1966 *Theory of learning,* 3rd ed. Appleton-Century-Crofts. 梅本堯夫（監訳） 一九七二『学習の理論』上・下、培風館。

Judd, C. H. 1908 The relationship of special training to general intelligence. *Educational Review,* **36**, 28-42.

Karmiroff-Smith, A. 1979 Problem-solving procedures in children's construcution and representations of closed railway circuits. *Archives de Psychologie,* **XLVII** (**1807**), 37-59.

Karmiroff-Smith, A. 1984 Children's problem solving. In M. E. Lamb, A. L. Brown, & B. Rogoff (Eds.), *Advances in developmental psychology,* Vol. 3. Lawrence Erlbaum Associates. pp. 39-90.

Karmiroff-Smith, A. 1992 *Beyond modularity: A developmental perspective on cognitive science.* MIT Press. 小島康次・小林好和（監訳） 一九九七『人間発達の認知科学――精神のモジュール性を越えて』ミネルヴァ書房。

Karmiroff-Smith, A., & Inhelder, B. 1974 If you want to get ahead, get a theory. *Cognition,* **3**, 195-212.

Kendler, T. S., & Kendler, H. H. 1967　Experimental analysis of inferential behavior in children. In L. P. Lipsitt & C. C. Spiker (Eds.), *Advances in child development and behavior*, Vol. 3. Academic Press. pp. 157-190.

Köhler, W. 1917　*Intelligenzprüfungen an Menschenaffen*. Julius Springer. 宮孝一（訳）　一九三八　『類人猿の智慧試験』岩波書店。

Lakoff, G., & Johnson, M. 1980　*Metaphors we live by*. University of Chicago Press. 渡辺昇一ほか（訳）　一九八六　『レトリックと人生』大修館。

Latour, B. 1987　*Science in action*. Harvard University Press.

Latour, B. 1990　Drawing things together. In M. Lynch, & S. Woolgar (Eds.), *Representation in scientific practice*. MIT Press. pp. 19-68.

Lave, J. 1988　*Cognition in practice: Mind, mathematics, and culture*. Cambridge University Press. 無藤隆ほか（訳）　一九九五　『日常生活の認知行動――ひとは日常生活でどう計算し、実践するか』新曜社。

Lave, J., & Wenger, E. 1991　*Situated learning: Legitimate peripheral participation*. Cambridge University Press. 佐伯胖（訳）　一九九三　『状況に埋め込まれた学習――正統的周辺参加』産業図書。

Luchins, A. S. 1942　Mechanization in problem solving: The effect of Einstelling. *Psychological Monograph*, **54** (**6**) (Whole No. 248).

Matheson, E. 1931　A study of problem solving in preschool children. *Child Development*, **2**, 242-262.

Neisser, U. 1967　*Cognitive psychology*. Appleton-Century-Crofts. 大羽蓁（訳）　一九八一　『認知心理学』誠心書房。

Nissen, M. J. 1992　Procedural and declarative learning: Distinctions and interactions. In L. R. Squire, & N. Butters (Eds.), *Neuropsychology of memory*, 2nd ed. Gilford Press. pp. 203-210.

Nissen, M. J., Knopman, S. A., & Schacter, D. L. 1987 Neurochemical dissociation of memory systems. *Neurology*, **37**, 789-794.

Norman, D. A., Rumelhart, D. E., & the LNR Research Group 1975 *Explorations in cognition.* W. H. Freeman.

Pennington, N., & Rehder, B. 1995 Looking for transfer and interference. *The psychology of learning and motivation*, Vol. 33. Academic Press. pp. 223-289.

Quillian, M. R. 1968 Semantic memory. In M. Minsky (Ed.), *Semantic information processing.* MIT Press. pp. 227-270.

Reed, S. K., Ernst, G. W., & Banarji, R. 1974 The role of analogy in transfer between similar problem states. *Cognitive Psychology*, **6**, 436-450.

Rommetveit, R. 1979 On codes and dynamic residuals in human communication. In R. Rommetveit, & R. M. Blakar (Eds.), *Studies of language, thought, and verbal communication.* Academic Press. pp. 163-175.

Ryle, G. 1949 *The concept of mind.* Hutchinson. 坂本百大ほか(訳) 一九八七 『心の概念』みすず書房。

佐伯胖 一九八五 「教育と機械」、斎藤正彦(編) 『ロボット社会と人間』(東京大学教養講座12)、東京大学出版会、二四一―二八九ページ。

佐伯胖・村山功 一九八七 「アフォーダンスからの学習――てんびんのシミュレーションの試み」、『電子情報通信学会論文集』ET 87-1 (一九八七・四・一八)、一三一―一六ページ。

佐伯胖・長坂敏彦・上野直樹 一九八八 「小学校算数における理解のドロップアウト」、昭和六二年度文部省特定研究成果報告書「子どものドロップアウトに関する教育学的研究」(代表 武藤芳照)、一五一―五四ページ。
佐々木正人　一九九四　『アフォーダンス——新しい認知の理論』岩波書店。
Sobel, B. 1939　A study of the development of insight in preschool children. *Journal of Genetic Psychology*, **55**, 381-388.
Squire, L. R. 1986　Mechanism of memory. *Science*, **232**, 1612-1619.
Stone, C. A. 1993　What is missing in the metaphor of scaffolding? In E. Forman, N. Minick, & C. A. Stone (Eds.), *Context for learning: Sociocultural dynamics in children's development.* Oxford University Press. pp. 169-183.
Stone, C. A., & Wertsch, J. W. 1984　A social interactional analysis of learning disabilities remediation. *Journal of Learning Disabilities*, **17**, 194-199.
Suchman, L. A. 1990　Representing practice in cognitive science. In M. Lynch, & S. Woolgar (Eds.), *Representation in scientific practice.* MIT Press. pp. 301-335.
丹治順　一九八八　「運動意思の発見」、伊藤正男・佐伯胖（編）『認識し行動する脳——脳科学と認知科学』東京大学出版会、九一—一一一ページ。
Thorndike, E. L. 1906　*Principles of teaching.* A. G. Seiler.
Trabasso, T., & Bower, G. H. 1968　*Attention in learning: Theory and research.* John Wiley.
Tulving, E. 1972　Episodic and semantic memory. In E. Tulving, & W. Donaldson (Eds.), *Organization of memory.* Academic Press. pp. 381-403.
Tulving, E. 1984　Precis of *Elements of episodic memory. The Behavioral and Brain Sciences*, **7**, 223-268.

Winograd, T. 1975 Frame representation and the declarative-procedural controversy. In D. G. Bobrow, & A. Collins (Eds.), *Representation and understanding : Studies in cognitive science.* Academic Press. 「枠の表現と宣言型／手続き型論争」、淵一博（監訳）　一九七八　『人工知能の基礎——知識の表現と理解』 近代科学社、一七一—一九四ページ。

Zeaman, D., & House, B. J. 1963 The role of attention in retardate discrimination learning. In N. R. Ellis (Ed.), *Handbook of mental deficiency.* McGraw-Hill. pp. 159-223.

5章　コメントとコメントへの返答

コメント1

「実践とは？」という問い――やまだようこ

この本からは、著者たちの熱い息吹きが伝わってくることがうれしい。開かれた討論を大切にしていこうとする姿勢にも共感をおぼえる。現場《フィールド》研究では、その両方がとても大切だからである。その姿勢は本の編み方にも反映している。1章から4章へと至る道すじは、じゅんじゅんにたどると、どこかへ到達するというものではなさそうである。そのかわりに、四人の「私」の問題提起が、それぞれの「私」の視点で、それぞれの「私」の言葉で、関連しつつも幾多のズレを含み、多声で語られている。そこで読者は、その論考のまわりを巡ったり、行きつ戻りつしながら、関連や意味や具体例を、自分自身の経験から考えていくことになる。そう、解答はひとつではないし、どこかの権威に教えを乞うわけにはいかないのだ。みんながそれぞれ、自分自身の現場《フィールド》のなかで実践的に考えていかねばならない。この本は、「理論から実践へ」というような一方的伝達ではなく、対話形式で「教育実践」を考えていこうとする、ひとつのかたちなのであろう。

名は体をあらわすという。本のタイトルは、その本のエッセンスであろう。そこで本のタイトル、「教育実践」と対比されるのが「教育心理学」ではなく、「心理学」であることが少し気になる。心理学には、臨床心理学や発達心理学や、社会心理学のアクション・リサーチなど実践とかかわる領域も多い。また、論理実証主義に基づく実証のための理論ではなく、日常的行為が依拠する前提を相対化し、新たな日常的行為を生成する、生成的理論をつくりだそうとするアプローチなど、従来の「科学」の前提を問い返す試みも多くの分野で行われつつある（Gergen, 1994 など）。ここで暗黙のうちに想定されている「心理学」は、きわめて限定された領域のもの、しかも古典的なものであり、現在の心理学の多様性や変化を十分に反映していないのではなかろうか。また「心理学者」からの議論が中心で、本の中から現場《フィールド》の「教育実践者」の生の声が聞こえてこないことも残念である。

さて、ここでは、この本のキーワードの一つ「実践」という言葉を巡って考えてみたい。「実践」とは、何を意味するのだろうか。本の中では自明のように使われており、必ずしも明確ではない。実践とは、英語では practice であろうが、ギリシア語の語源では「ある目的を志向し、実りをもたらす実行活動」を意味しており、従来は「理論」と対比されてきた。それに対して、1章の佐藤氏が提示された三つの立場は啓発的である。それは第一に、科学的な原理や技術の教育実践への適用（理論の実践化 theory into practice）、第二に、実践の典型化による理論の構築（実践の典型化 theory through practice）、第三には、教育実践の中で内在的に機能している理論（実践の中の理論 theory in practice）と整理されている。

佐藤氏は、このうち第三の立場に立ち、理論をもとの語義（観照 theoria）から解き放って、実践に内在して機能している理論を研究すべきと考えておられる。この佐藤氏の立場は魅力的であり、私もおおいに賛成である。しかし、この第三の立場の「理論」は、やはり枠組み、あるいは素朴理論と呼ぶべきであり、第一や第二の立場でいわれる「理論」とは意味がちがうのではないだろうか。実践の中に内在する枠組みや素朴理論は、どのような方法で認識されメタ理論化されるのだろうか。実践の中に内在する「理論」を、さらに理論化する方法論や、メタ理論と実践活動との関連は、相互に不可分としても、依然として問われなければならない。

私（山田、一九八六）は以前に、「現場《フィールド》」と「実践」概念を区別するとともに、研究目的としての実践（現実の変革、実用をめざす）、研究対象としての実践（実行活動そのものを認識対象にする）、研究方法としての実践（変革や実行や活動を通じて認識する）の三つの区別を提案したことがある。もちろん、それらは相互に一体化することが多く切り離せないのだが、議論を明確にするためには、何らかの概念的区分が必要ではないだろうか。

佐藤氏が、実践活動と認識活動（あるいは、理論化、一般化、公共化）の矛盾に対して、やや楽観的にみえるのに対して、2章の宮崎氏は、両者の葛藤についてより自覚的である。彼は、実践知（全体性と一人称性を特徴とする）と、科学の知（一面的で三人称性を特徴とする）を対比させ、一人称と三人称の二つの観察モードを「いきつ戻りつ」すべきだと考えている。

私自身（やまだ、一九八七）も、子どもの観察において二つの異なるモードを行き来する、あるいは二つのモードを重ねあわせるという方法論をとってきた。そして、実践活動（生活の場の中での子育ての当事者になること）の内でしか認識したり発見できないことが多々あることを痛感するとともに、実践活動と認識活動（あるいは理論化）とは本来的にいかに矛盾するかということにも大いに悩まされてきた。それで、理論化のためには、活動を一時停止したり、立ち止まったり、時間的にも空間的にも距離をおいて眺めたり、内から外に出たり、また外から内へ戻ったりという観照的活動が、実践プロセスの中に適時組み込まれる、多段・多層・多重アプローチが必要ではないかと思う。

それで宮崎氏の考えにはたいへん共鳴した。しかし、氏の実践知と科学の知の二区分は、わかりやすいが、やや単純すぎるように思われる。実践知は「科学」の知へと洗練されていくことはないのだろうか。ここでいう実践知は、佐藤氏のいう第一の立場「理論の実践化」でないことは確かであるが、第二、第三の立場とはどのように関連するのだろうか。一人称、三人称が観察のモードの問題だとすれば、実践知の中にも、一人称的知も三人称的知もありうるのではないか。また、自己ではなく他者との相互作用の中での観察ならば「一人称」というよりも「二人称」と呼んだほうがいいのではないかなど、用語の定義にかかわって疑問がでてくる。それらの厳密化は今後の課題として期待したい。

実践知と関連する議論として、4章の佐伯氏の考えは興味深い。氏は、心理学と教育実践の相互を接近させようとする立場はとらないという。そして、「心理学は一九世紀的な意味での科学（原理や法則を実証的に確立する学）をめざすのではなく、人間の活動の生きた姿をできる限り正確に描き出し、そこから実践上の意味を多様に引き寄せるような「表象」、ないしは「表記」を提供しつつ、それを現実に即して修正しつづけることに徹するべきだ」という。

ここで述べられているのは、心理学の変革であり、「知」の概念の変革である。佐伯氏が大きなスローガンを使わないで、限定された「転移」概念にしぼった抑制した議論をされていることも好ましい。しかし、その新しい知はどのように名づけられるのだろうか。現場《フィールド》は、実践の場であるとともに認識の場でもある。宮崎氏のいわれる教師の実践知とは違う意味で、人間の現実の活動や実践上の意味を表象する知（現場《フィールド》の知、あるいは臨床の知）（中村、一九九二）を科学の知の範囲に入れていくべきではないだろうか。それは単に、いかに振る舞うべきかの知（knowing how）だけではなく、世界が何であるかの知（knowing that）を含むべきだろう。佐伯氏の最後の提案から、「それでは、具体的にはどのようにしたら知の変革ができるのか?」という実践的疑問がおきるが、その実践そのものは、まだ、これからの課題なのだろうか。

その点に関して3章の石黒氏の論考は、示唆的である。彼は「個体能力主義」を批判して、状況的アプローチにおける物語の再構成、対話の中での知識の再構成について論じている。石黒氏が述べているような対話や物語分析が、これからの有望な方向の一つであることは間違いないであろう。今後の研究の進展に、おおいに期待したい。

この本では、従来の心理学の批判と乗り越えが中心に論じられている。これを一つのステップとして、これから著者たちがめざすべき方向は、いずこだろうか。

例えば文化人類学者たちのような、実践の中でしか認識できない生き生きした具体例がぎっしりつまった、しかも理論的にも新しい視点を生み出すような「厚い記述」を生み出していく方向が考えられる。マーフィー（Murphy, 1987）の『ボディ・サイレント』のように、不治の病気で萎えていく自分自身を現場《フィールド》にして壮絶に記録しつづけた、まさに一人称と三人称を同時に併せ持つ実践記録などを読むと、心理学者の現場《フィールド》への迫り方の生ぬるさが反省させられる。

また、教育実践研究の理論と方法論を、きちんと学問的に練り上げていく方向も必要である。例えば、社会学の領域では、死に向かう終末医療の看護をどうすべきかという現場《フィールド》研究から理論生成の方法論がつくられてきた（Glaser & Strauss, 1967など）。現場《フィールド》研究では量的データよりも、個性記述的な質的データを基にすることが多いが、それをどのようにして一般化するかを考えるならば、領域に密着した理論を絶えざる変化プロセスの中で発見していくデータ対話型の教育実践方法論を生み出していく必要がある。

いずれにしても、これからは心理学の方法論にこだわらず、文化人類学や社会学など学際領域のフィールド・ワークや実践的方法論との柔軟な対話をもっと試みてもいいだろう。境界人になることを怖れずに、学問の壁を超え自由に行き来しながら、歴史を後追いしたり傍観するのではなく、自ら歴史を変化させていく「生成知」の方法を生み出していきたいものである。

文献

Gergen, K. J. 1994 *Toward transformation in social knowledge*, 2nd ed. Sage Publications. 杉万俊夫・矢守克也・渥美公秀（監訳）一九九八『もう一つの社会心理学——社会行動学の転換に向けて』ナカニシヤ出版。

Glaser, B. G., & Strauss, A. L. 1967 *The discovery of grounded theory: Strategies for qualitative research.* Aldine Publishing. 後藤隆・大出春江・水野節夫（訳）一九九六『データ対話型理論の発見』新曜社。

Murphy, R. F. 1987 *The body silent.* Henry Holt. 辻信一（訳）『ボディ・サイレント』新宿書房。

中村雄二郎　一九九二『臨床の知とは何か』岩波新書。

山田洋子　一九八六「モデル構成をめざす現場《フィールド》心理学の方法論」、『愛知淑徳短期大学研究紀要』第二五号、三一—五一ページ（やまだようこ　一九九七『現場《フィールド》心理学の発想』新曜社、一六一—一八六ページに再録）。

やまだようこ　一九八七『ことばの前のことば』新曜社。

コメント2

研究観を問い直す　科学の知と実践知の統合へ

丸野俊一

各章の内容は、心理学や教育実践に関する知識や理論に造詣が深く、自ら豊かな教育実践経験を持つと同時に教育現場との知的学びの共同体作りに努力している執筆者によるものだけに、興味深く、説得的であり、読者にいろいろな側面についての自己反省を促す内容となっている。おそらく、「心理学は教育実践に役立つか否か」の問いをどのように受けとめ理解するかは、教育実践家と（教育）心理学者との間では異なるであろうし、また各章を読んで何を考え何を反省するかも異なるであろう。ここでは心理学者の立場から「心理学が追求してきた科学の知のレベルと教育実践知とのレベルの違い」に注目し、両者を関係づけるときに注意しなければならない問題点について考えてみよう。

科学の知のレベルと実践知のレベルの違い

「心理学と教育実践の間」という問題を考えるとき、まず「心理学が追求してきた科学の知と教育実践の中に役立つ知（実践知）のレベルとは同じではない」ということを十分に認識した上で、両者の関係性を論じることが何よりも重要ではないだろうか。なぜなら、もしこの認識を誤ると、研究者も教育実践家もレベルの異なる知を暗黙のうちに直接結びつけるような過ちを犯し、そのことが結果的には「心理学は教育実践に役立つ、役立たない」といった論争を引き起こす原因の一つになっていると考えるからである。

心理学がこれまで追求してきた科学的な知のレベルは、具体的状況や個人を越えた、客観性や普遍性や厳密性を重視した抽象的な知のレベルである。すなわちここでは、①一人一人の内的な目標や意味世界や価値観などの個人的色彩の強い諸要因をできるだけ捨象し、②問題の範囲や条件を厳密に限定し、③その限定した範囲や条件の中から重要な要因をピックアップし、そして④ピックアップした要因を操作し、そこに生じてくる現象の変化に注目し、その現象の背景に想定される因果的（相関的）関係から科学的な法則性を追求するといったアプローチをとる。こうしたアプローチから見出される科学の知は、2章で宮崎氏も指摘しているように、一面性（ある特定の領域やある特定の現象の一面を切り出し、それを対象に分析し、そこに潜在している原理や法則を抽象化したものである）、三人称性（第三者の視点から対象化され認識されるものであり、認識主体としての私がそこからは抜け落ちている）、状況遊離性（特殊な具体的な状況要因によって影響されるものではない）といった特徴を持った知である。

それに対して、教育実践の中では、問題を持っている目の前の子どもやクラスを取り巻いている様々な要因や条件を多様な視点から同時に考慮しながら状況依存的に関わっていかねばならない。したがって、そこでは、何が原因で何が目標かさえも曖昧な状況の中で、瞬時瞬時に変化していく子どもの心の動きやクラスの動きと対話しながら体験的に作り上げていく実践知が要請される。そのためこの実践知は、科学の知に比べ、絶対的な正確さを持つというよりも、その時々に役立つように動く直観的なものであり、曖昧性をおおいにはらんでいる。すなわち、実践知とは、全体性（ある一つの問題に対処する場合にも、様々な視点を働かせながら同時に多様な要因を同時に考慮しなければならない）、相互主観性（一・二人称が関わる関係性）ないしは一・二人称性（第三者的に関わる世界ではなく、認識主体としての私があなた（たち）と対峙しながら一緒に認識すると同時に行為者となって繰り広げていく世界である）、状況依存性（原因や目標は状況の中で結果的に見出されていく性質を持つ）といった特徴を持った知と言える。

科学の知を実践状況に関連づけるときに注意すべきこと

このように科学の知と実践知のレベルの違いを識別した上で、実践家、研究者のそれぞれの立場から「科学の知を実践状況に関連づけようとするときに注意すべきことは何か」について考えてみよう。実践家の立場の人々が注意すべきことは何であろうか、まず第一に前述した科学の知の限定性を認識すること、そして科学的アプローチの中で見出されてきている科学の知をそのままの形で直接に実践状況に当てはめてみようとする安易な考えを捨てることだ。

第二に、科学の知を有効に役立てようと思うならば、自分が直面している問題状況をまず詳細に分析・評価し、その上で問題状況に関連している諸要因や諸条件に関する科学の知を試みに動かしてみることである。このとき最も大切なことは、科学の知そのものの絶対的な有効性を信じるのではなく、自分の実践的な体験の中で作り上げてきた実感を大切にし、うまく科学の知が動かなければそれらを自分なりに組み合わせるといった試行錯誤の努力を惜しまないことである。なぜならば、科学の知というのは限定された状況の中で成り立つような原理でしかない。ところが実践の場面は、こうした限定された側面の原理をいくつか組み合わすことによって初めて実践可能な場面であり、さらには個人的・状況的諸要因が複雑に関わる場である。そのため限定された原則は、当然常に移り変わる状況ではその有効性に限界を持ち、実践家は自分の置かれた場面を分析して場に合った形でこれらの限定された原理を一つの参考原理として使い分ける必要があるからである。

第三には、「科学の知をいつどのように運用していくと効果的であるか」といったメタ認知的な実感や知識は、状況依存的に動いてみて初めて獲得されるものである。それだけに、実践家は研究者以上にこの点に関しては専門家であるという自負心を持ち、自分なりに創造・発見していかねばならないことを自覚することだ。全体性、状況依存性、相互主観性という特徴を持つ知の世界に真剣に生きた経験のない研究者がどうして実践家以上にそうしたメタ認知的な実感や知識を提供できようか。できるはずがないではないか。

一方、研究者の立場の人々が注意すべきことは何であろうか。まず第一に、科学の知が扱っている世界と実践知の世界との違いを念頭におきながら、科学の知の限定性を自覚し、科学の知をそのまま実践の文脈に当てはめることはできない、当てはめるためにはその状況にマッチするように変形操作する必要があることを十分に説明する責任を持つことだ。

第二は、実践経験のない者が教育現場に出かけ、あたかも実践文脈の中での全体性を踏まえたような仮想的な視点から一面性・三人称性の科学的知をもって、もっともらしく声高らかに講演するような姿勢をさけるべきである。大切なことは、実践家が自分の実践を自己反省し、そこから新たな問題点を見つめ、よりよい実践を遂行できるような策を考え出すような視点を提供できるように努力することではないだろうか。すなわち、科学の知を実践状況にも直接有効な原理原則として位置づけるのではなく、自分の実践を反省したり実践知を形成していくときに参考にできるような知として位置づけなければならない、という立場からアドバイスすることに徹すべきではないか。

第三には、科学の知を実践知の世界に関連づけようとするならば、宮崎氏も指摘しているように、研究者は自ら実践の中に入り込み、そこに浸り、研究者としての自分と実践者としての自分とを真剣に対話させ、その体験から体得した実感を持った上で科学の知を見直し、状況にマッチするように修正する（適合させる）努力を惜しまないことである。

心理学に対する各自の「研究観」の問い直し

このように論じてくると、「心理学と教育実践の間で」という問いは、心理学者に対しては次のような意味での自分の持つ「研究観」の問い直しを迫ることになるだろう。ここでいう「研究観」とは、「自分はどのような人間観に立って、どのような視点から、どのレベルの心理現象や問題を研究しようとしているか、その中で明らかになる科学の知をどのような性質のものであるとみているのか、また科学の知の中に潜在している限定性をどの程度意識しているのか、さらには人間の全体性を理解するためには自分が今研究している領域や知識のレベルをどのように位置づけているのか」といったことについてのメタ理論やメタ認知を総称したものである。

心理学が追求してきた科学の知の一面性、三人称性、状況遊離性に対する自覚の低い研究者または明確な「研究観」を持たない研究者が、もし、心理学が見出してきた科学の知を直接的に（教育）実践の中に当てはめて、実践の世界に展開する心理現象や問題を論じようとするとどうなるであろうか。そうした視点からの心理学者の論は、教育実践家からサポートが得られないのみでなく、「日常性に無知な心理学者の意見」として無視されるか批判の対象になるだけである。さらに悪いことには「心理学と教育実践の間を埋める」ための糸口さえも閉ざされてしまう危険性がある。それを避けるためには、今一度、心理学者一人一人が心理学に対する自分の「研究観」について問い直してみることが必要不可欠ではなかろうか。

もう一つ大切なことは、教育現場に役立つ実践知を追求したい人で、なおかつ教育心理学者である（ありたい）と自称する人は、何がなんでも実践の世界とはどのような世界か、実践知とはどのような特徴を持つ知であるか、また実践知は科学の知とどのように異なるか、さらには実践の文脈の中にどっぷり浸かりその中を生きるためには何がまたどのような姿勢や努力が必要であるかといった「実践に関するメタ認知」やそれに関する豊かな体験を持つ必要がある。もし「実践に関するメタ認知」の自覚が低いあるいは歪んでいる自称教育心理学者が、心理学の世界での科学の知を生み出すときに採用してきたアプローチでもって、もっともらしく実践知の現象にアプローチするとなると、これまた「心理学と教育実践の間は埋まるどころか、ますます両者の間に大きな隔たりを引き起こす」ことになりかねない。最近、実践経験のまったくない教育心理学者が、教科心理学という名のもとに、実践世界の中での問題を対象にしていろいろな知見を一面的に描き出しているが、彼らはどのような「実践に関するメタ認知」を持っているのであろうか。私には、どうも彼らの「実践に関するメタ認知」は実践世界に生きている人のメタ認知とはほど遠いものに思われて仕方がない。実践の世界にある（生じる）問題に真剣に立ち向かい、それを研究対象として科学的に明らかにしていきたいと望む者は、何よりもまず実践の文脈に入り込み、そこから問題を掘り起こしてくる努力を優先されるべきではないだろうか。

しかし、自分の「研究観」や「実践に関するメタ認知」を今一度問い直してみる必要性があるのは、何も心理学者のみではない。まったく逆のことが、もし「科学の知を実践の世界に役立てていきたい」「心理学と教育実践の間を埋めたい」と思っている教育実践家がいるとしたら、彼らにも当てはまることである。

再び「心理学と教育実践の間」

これまで論じてきたことから推察されるように、何も心理学者が教育実践の世界にどっぷり浸かる必要もないし、逆に教育実践家が心理学の世界にどっぷり染まる必要もないと私は考えている。むしろ大切なことは、第一には、心理学者はしっかりとした自分なりの研究観を持つことである。その上で、心理学者が教育実践の世界に役立つ知見を提供できるようにするためには、今一度日常性の文脈の中から問題や要因を掘り起こす努力をすること、また科学の知を見出すときに採用してきたアプローチとは異なるアプローチの創造や発見に努力することである。第二には、もし心理学者が教育実践に役立つような実践知を科学的な研究対象にしたいと望むならば、明確な「研究観」に加え自分なりの「実践に関するメタ認知」をしっかりと持つこと、さらには同時に実践経験を豊かに積む努力をすることである。

第三には、教育実践家は自分なりの「実践に関するメタ認知」を持つと同時に科学の知の限界性をしっかりと認識すること、その上でどのように実践の文脈に科学の知を編集し直したらよいかを実践状況の中で自己反省し続ける努力をすることである。第四には、そうした各立場の人たちの自己反省を踏まえた上で、双方の世界で見出されている知見や体験やアプローチを双方の領域に役立つ知的資源として利用できるように相互の真剣な対話を積み重ねていくことである。そのとき特に大切なことは、その対話に加わる人たちが、心理学には心理学なりの独自な生き方や社会に対する責任があるし、教育実践には教育実践なりの独自な生き方や社会に対する責任があることを強く自覚することである。

コメント3

「研究者＝実践者」の視点から

守屋　淳

私は、中学、高校の教員免許を取得しようとする大学生に、教職科目としての「教育心理」を教えるという仕事をしている。しかし私自身は心理学科や教育心理学科の出身ではない。教育に対する現象学的なアプローチを学んできた私は、自然科学的方法論を基盤とした「心理学」や「教育心理学」に対しては違和感を持ち続けてきた。そして実際に学生たちに「教育心理」を教えはじめてみて、その違和感は明確なものになってきた。一方でいじめや不登校など教育に関する社会的な問題がとりざたされ、他方で自分が教える大学生たちがあまりに自ら学ぼうという姿勢に乏しいことに驚かされている中で、いわゆるオーソドックスな「教育心理学」の内容は、教師になるための必修科目*として彼らに教える内容としては、あまりにも実践からかけ離れ、役に立たないもの**のように思われた。そしてそれ以来私は、教育実践の事実と学生たちの事実に基づいた、新しい、自分なりの「教育心理」を創ろうという試みを続けてきている。***

* 免許法上は正しくは、「幼児、児童又は生徒の心身の発達および学習の過程に関する科目」である。

** 「役に立」てばいいというものではもちろんない。「役に立つ」ということを安易に考えれば、いわゆるハウツーの形態が最良であろうし、それは実践を貧しくする方向に働く。この問題も実践と学問の関係を考える上で重要であるが、紙幅の関係でここではこれ以上触れない。

*** 序章で佐伯氏が触れている以前の一九九二年と一九九五年の二度にわたって、私は日本教育心理学会のシンポジウムでこの私の試みについて話題提供を行っている。また、これらの内容については、奈須ほか（一九九三）、守屋ほか（一九九六）にまとめられている。

その意味で、本書の四編の論文が示すように、心理学が変わりつつあるのを見るのはうれしい。ここでは、心理学と教育実践との、今までの必ずしも幸福とは言えなかった関係について、その歴史的背景の説明や学問的な意味づけがなされている。そればかりか、今後の進むべき道も、四人の論者からそれぞれに示されている。

しかしながら、これらの論考を読んで、視野は広がったものの、かえって疑問が深まったという印象を持ったのは、私だけではないだろうと思う。そしてそれは、本書が学問と実践との関係という本質的に解決困難な問題（佐藤氏の言う「難題」）を扱っている以上、むしろ当然のことなのだと思う。以下本論では、四編の論文を読んで私に感じられた違和感をもとに、読者にこの「難題」と取り組むためのもう一つの視点を提供したいと思う。

まず、私の根本的な疑問は、教育実践と関わる「心理学」を新しく構想するとき、論者たちは既存の「心理学」と教育実践の、どちら側からそこにアプローチしようとしているのかということである。

佐藤氏はフィールド・ワークやアクション・リサーチを論じる中で、さかんに「越境性」や「脱領域」を強調し、その意味で「心理学」にはこだわらず、教育実践に近いところから新しい「学」を構想しようとしていることがわかる。しかし他の三者は、既存の「心理学」という枠組みは守ろうとしているように読める。もちろん佐藤氏の言う「理論の実践化 (theory into practice)」、すなわち今までの心理学と教育実践の支配―被支配の関係については、どの論者も強く否定している。しかし、「視点資源としての心理学」(宮崎氏)、「リソースの一つとしての心理学」(石黒氏)、「表記を提供することに徹する心理学」(佐伯氏)、というように心理学を規定するとき、彼らは心理学を教育実践とはあくまでも別個の領域の活動であることを前提とし、自分をその心理学の側に置いているように思われる。

このことに関して一つ奇妙に感じられたのは、佐藤氏が「教育心理学」と「心理学」の両方の語を用いているのに対して、他の論者は「教育心理学」という語は一切用いず、主として「心理学」という語によって、本書で問題にしようとしている研究活動を表していることである。「教育心理学」が少なくとも用語の上では、教育という場での問題が主題であることを示しているのに対して、「心理学」はもっと広く一般に人間の心の働きを捉えようという、人間存在への興味に基づいているように思われる。佐藤氏以外の三者が考える「心理学」は、あくまで人間一般に関する知をめざすものであって、教育という場に特定の問題を主題的に扱おうとしているのではなく、教育と直接には関係がない内容でもかまわないということのようなのだ。* そしてその「心理学」の中身をどう受けとめどう実践に生かすかは、いわば実践者の側に「ゲタを預けた」格好になっている。

* このことの一番明快な表現は、宮崎氏の「視点資源として心理学を位置づけるとき、その心理学は教育実

践を対象とするものである必要は必ずしもない。実践者にとって刺激的な新しい視点は、何も教育実践だけから生み出される理由はないからだ」という言明である。

もちろん、このような「心理学」が実践者にとって無意味というわけではない。教師が文学や芸術や歴史から学び（それは当該の科目を教えるためだけではなく）、自らの実践を豊かにしていくことがあるように、こうした「心理学」が真に人間の生きる姿を捉えているならば、それは実践者にとって学ぶ価値を十分に持ちうるだろう。

しかし、それでは論者たちは「教育心理学」というものをどのように考えているのであろうか。現実に教職に就くための必須の知識とされる社会的状況があり、また佐藤氏が指摘するように現場の教師の思考枠組みを（むしろ豊かな実践を阻害する方向で）強く規定してしまっている「教育心理学」を、どうすればいいと考えているのだろうか。彼らの言う「心理学」が現在の「教育心理学」に取って替わるべきだ、ということになるのだろうか。しかしそれでは、その「心理学」が文学や芸術や歴史と同列の、人間に関する一種の教養のようなものであって差し支えないのだろうか。

このように論者たちが「心理学」へ自己限定するのは、「科学としての心理学」（石黒氏）と「実践知」とを峻別しすぎていることも、一つの要因であると感じられる。つまり、実践知自体を「学」として捉える可能性を放棄しているのではないだろうか。

例えば宮崎氏は、神田橋を実践者の側に置き、宮崎氏自身を科学の側に置いて、神田橋と自身を反対側に位置づけている。このことは私には意外であった。私も神田橋の著作から多くを学んだ一人である。しかしその評価は宮崎氏とは微妙に異なる。

神田橋はあくまでも自身の実践を考察の出発点とし、精神科臨床を進める上できわめて具体的なアドバイスと注意点を記述している。* しかしそれは決して「実践者の自己と切り離せない」（宮崎氏）、個別的、特殊的な感想を述べているのではない。神田橋自身がその具体的な実践経験から自己を「腑分け」（宮崎氏）している。例えば、自分自身の持っているこれこれの傾向によって、自分はこのような行動をとりがちだ、というような記述すら随所に見ることができるのだ。こうして、神田橋の著作は、きわめて具体的でありつつ、普遍性と客観性を得ており、だからこそ彼と環境を異にするあらゆる精神療法家のみならず、私を含め他の領域の人間に対しても、十分な示唆を与えてくれるものになっている。ここでは、いわゆる「実践知」が実践知でありつつ、「学」としての性質を十分に備えたものになっていると考えられる。宮崎氏自身の言う「実践知を越えた」学の姿がここにある。** しかも神田橋が提示しているものは、実践と直接には関係のない（関係がなくてもかまわない）「心理学的原則」（宮崎氏）などではなく、あくまで実践知自体を「学」のレベルにまで高めたものであると私には読める。

*　神田橋（一九九〇、一九九四）をぜひ参照されたい。

**　宮崎氏が神田橋を引用しながら、このような形で言及していないことが、私には「意外」なのである。

その意味で私は、神田橋を「徹頭徹尾実践の人」（宮崎氏）なのではなく、実践をもとにした「学」を創り上げている人なのだと考える。そしてこの神田橋の仕事が、教育実践と関わる新しい「学」の一つのモデルになりうると考えるのである。

次に、もう一点論点を提出すれば、佐藤氏の言う「実践の典型化による理論（theory through practice)」の評価に関して、「すぐれた授業」から学ぶということの意味をどう捉えるかという問題がある。

私も、宮崎氏と佐藤氏が同様に指摘しているように、「実践の典型化」というスタンスによって、すぐれた実践が一般の実践者に対して、支配―被支配の関係をとることになる危険は確かにあるとは思う。しかし「実践の典型化による理論」の批判が、「すぐれた授業」から学ぶことまでをも否定しているように見えることには異論を提出しておきたい。

例えば佐藤氏は、このスタイルを批判する理由として、価値が多様化した社会の中で、何が「すぐれた授業」なのかを批判的に検討できないからだとしているが、とりあえずここではまず、そもそも価値観を排除して教育研究ができるのだろうかということを指摘しておこう。

また佐藤氏は、すぐれた実践の特権化によって、実践の多様性を剝脱し実践の日常性に対する感覚を麻痺させることになる、という問題点を指摘している。確かに、一般的な人間存在の解明をめざす「心理学」ならば、日常的な行為を問うことに十分な意味があるだろう。そして教師もその「心理学」によって、自分が日常的に意識せずにやっていることの意味を、反省的に捉えることはできるようになるかもしれない。しかし、教師はそれと同時に、あるいはそれ以上に、すぐれた実践から学ぶことが徹底的に重要なのではないだろうか。問題は「すぐれた授業から学ぶ」ということ自体に内在するのではなく、その典型をどのように提示し、それをどう受け取るかという問題なのではないだろうか。例えば、斎藤喜博が主張してきたことは、* 斎藤を真似せよということでは決してなく、斎藤と同じような構えで子どもや教材を見、同じような構えで子どもや教材と関わろうということではなかっただろうか。そしてその際斎藤は、教師が常に独創的、創造的になることを求めている。** 斎藤のそうした主張を確かに学びとった教師ならば、当然その実践の内容はオリジナルなものになり、「多様性を剝脱する」ようなことにはならないし、「第二の」斎藤喜博になろうとする「無理な、そして意味のない行為」（宮崎氏）をすることもないし、「同じような自己観、世界観を持った閉じた集団を作り出してしまう」（宮崎氏）ことにもならないと思われる。

* ここでは当然のことながら、斎藤の著作（斎藤、一九六九—八四）から読み取れることをもとに論じている。生身の斎藤喜博という人間が他の教師や研究者に対してどのような関わりを持ってきたかということは、私は知る立場にないし、論じる資格もない。

** このことに関しては、以前私は守屋（一九八七）で論じた。

そしてそのように「確かに」学びとった人たちが、現在の日本の教育の良質な部分を伝統として形成してきているのだと私には思われる。* その意味で私には、佐藤氏が「斎藤の教授学」が、「統制力を教師たちの実践に及ぼしている」と言うときの「統制力」ということがよくわからない。例えば佐藤氏は、教室に流れる時間を「コンクリートの溝のような時間」「たゆたう川のような時間」「降り積もる雪のような時間」と表現する教師の実践を紹介しているが、このように表現できるということ自体、この教師がすぐれた教師であって、またなんらかの形で（間接的にせよ）、斎藤の影響を受けているると考えられないだろうか。[**] 宮崎氏が取り上げている、川島、西岡については、直接斎藤の指導を受けた教師たちである。川島や西岡の実践に、斎藤の教授学がどんな「統制力」を及ぼしているというのであろうか。逆に斎藤を確かに学びとった独創的でオリジナルな「すぐれた」実践者の実践として、我々はそこから学ぶことができるのではないのか。

＊　念のために補足すれば、私が考える「日本の教育の良質な伝統」は、斎藤だけによって創られたものではもちろんない。ここでも紙幅の関係で、以上の指摘に止めておく。

＊＊　実践を記述する上で非常に豊かな比喩的な表現を用いるのは、斎藤の一つの大きな特徴である。

最後にもう一点、神田橋の記述している実例から考えられることをコメントして、本論の結語としたい。

若き日の神田橋が、ある患者の精神療法に「立往生」し、「これ以上治療を続けるのは無意味であると判断」し、当時彼を指導していた先生に[*]相談したことがあった。するとその先生は神田橋の話をよく聴いたうえで「よし、わかった」と言ったが、続いて「だけど、なんとかしてやらないと可哀相じゃないか。患者は頼っているんだから」と言われたという。この「なんとかしてあげたい」という「利他の姿勢」が、「精神療法を志す人への助言のうち、最も重要なものである」と神田橋は言う。[**]

＊　神田橋によれば、西園昌久氏。

＊＊　神田橋（一九九〇、一〇—一一ページ）。

実践知は、自分が実際に関わる目の前の人たちに対して「なんとかしてあげたい」という願いや祈りをもつとき、磨かれる。りをもつとき、磨かれる。精神医学の領域では、研究者はほぼ常に実際に患者を治療する実践者でもある。そのような願いをもつ実践者としての研究者が、実践的にも意味のある学を構築していくことができる。

残念ながら「心理学」と教育実践の関係はそうではない。「心理学」を行う人と教育実践を行う人は、原則として別である。* 「科学としての心理学」を教育実践とは独立の領域として構想するとき、この、今の教育の置かれた社会的状況の中で苦しんでいる子どもを、あるいは教師や親を、「なんとかしてあげたい」という「願い」の切実さが薄れてしまうことはないだろうか。

* この問題を克服しようというのが、佐藤氏の提唱する「アクション・リサーチ」であろうが、私は以下で述べるように、必ずしも「アクション・リサーチ」によらずとも、この問題の克服の可能性はあると考えている。

長らく自然科学的方法論の呪縛のもとに教育実践との間で支配―被支配の関係しかもてなかった「心理学」が、変わろうとしている。しかし、上述の「願い」があいまいになるとき、「心理学」としては教育実践と関わることによって発展しても、教育実践にとっては相変わらず役に立たない「心理学」のままになってしまう恐れがあるのではないか。

私は、研究者でありながらも、教師たちと関わり、そして自らも親として、また大学生を教える教師として、実践者でもある。そしてこのように教育実践の場に深く関わる一人の人間として、こうした「願い」や「祈り」を常に新たにしながら、既存の学の枠組みにこだわることなく、あくまで実践の場から新しい「学」を創造していきたいと思っている。

文献

神田橋條治　一九九〇　『精神療法面接のコツ』岩崎学術出版社。
神田橋條治　一九九四　『追補　精神科診断面接のコツ』岩崎学術出版社。
守屋淳　一九八七　「創造としての授業――H・G・ガダマーの解釈学から見た斎藤喜博の授業論」、『東京大学教育学部紀要』第二七巻、三五三―三六二ページ。
守屋淳・西林克彦・三宮真智子・奈須正裕　一九九六　『教師を育てるということ――教育心理学会第三七回総会（一九九五年）自主シンポジウム報告集』教育心理学フォーラムレポート FR-96-004（日本教育心理学会）。
奈須正裕・鹿毛雅治・青木紀久代・守屋淳・市川伸一　一九九三　『自主シンポジウム「教育心理学の実践性をめぐって」報告集』、教育心理学フォーラムレポート FR-93-003（日本教育心理学会）。
斎藤喜博　一九六九―八四　『斎藤喜博著作集（全三〇巻）』国土社。

コメント4

教育実践における理論とは何か

浅田　匡

教育実践における理論ということを考える

四論文を読んでみて、理論ということの捉え方にズレがあるように思えてならなかった。基本的には佐藤氏の1章の検討と同じであるが、この点について、佐藤氏の教育実践との関係の三つの立場の分類に従いながら考えてみたい。

佐藤氏によると、教育の理論と実践との関係は次の三つの立場に分類される。

① Theory INTO Practice：教育実践を科学的な原理や技術の適用として認識する立場
② Theory THROUGH Practice：実践の典型化による理論の構築を追究する立場
③ Theory IN Practice：教育実践を創造する教師と子どもの活動において内在的に機能している理論を研究対象とする立場

第一の立場に基づく理論は、いわゆる法則に該当する。法則とは「ものごとについて（現象の中に）見られる、いつでも変わらない関係（きまり）」である。つまり状況に依存しない関係（きまり＝理論）を現実の状況に当てはめて、その具体的状況（＝事実）を論じようとする立場である。宮崎氏の2章と石黒氏の3章においては、今までの心理学において定立されてきた理論は、いつでも変わらない関係（きまり）を解明したと考えられ、それ故自明なこととして実践に適用できる、あるいは適用を妨げている制約条件を除くことによって、適用が可能になるという立場に対して、いつでも変わらない関係に状況を組み込む必要性を述べていると思われる。しかしながら、そのことはより教育実践への適用（理論の実践化）可能性を高めることにはなるが、理論ということに関しての立場は同じであろう。

第二の立場は、「すぐれた授業」には一定の原理と法則が埋め込まれていると想定し、その原理と法則を授業実践の「典型化」の作業を通して抽出するという立場であるが、この立場における理論も第一の立場と同じである。さらに言えば、第二の立場は、第一の立場における理論を導くための一つの方法と考えることができる。

この二つの立場に対して、第三の立場における理論は、佐藤氏によると「活動に内在して機能している理論であり、実践の内側で機能している理論」である。その点をショーンは「枠組み」として再定義しているという。つまり、この立場における理論をどのように捉えるかが、心理学と教育実践との関係を考える鍵であると言えるだろう。さらに言えば、教育実践において法則定立的なアプローチは可能であるのかということである。教育実践における一般理論は成立しうるのか、この点は、佐伯氏が4章において主張されている「心理学の転移」が意味するところであろう。

個性記述的方法を超えて

教育実践における理論（枠組み）を問題としようとすれば、状況を組み込んだ理論（一般法則）化であれ、法則定立的アプローチにより教育実践を研究するだけでは不十分である。

より実践に即した理論（一般法則）を構築しようとして、一つには生態学的妥当性ということが問題とされてきたように思われる。また、近年ではエスノグラフィーによる研究方法が注目されている。それは、人間の行動の中にある法則性の発見、そのためいろいろな変数間の関係を明らかにするという心理学研究の主要な関心において、その変数として文脈もしくは状況を組み込もうとする志向であろう。

また、行動の一般法則はそのままでは実践・臨床場面では適用できず、個々の具体的状況に照らして用いるために、個性記述的アプローチが問題とされてきた。すなわち、事例研究が問題とされる。しかしながら、事例研究においては必ずといってよいほど対象とした事例の代表性ということが問題とされる。それは、事例研究から導き出された知見を一般化しようとする立場に基づくものである。しかし、これらは、多くの専門家の協議のもとで一致した見解に基準を求めるなどの努力により解決可能である。また、多くの事例を類型化する作業の中で、それぞれが個々の細かい個人差を扱ったものであるが故に、かえって一般化に多くの知見が得られるとも考えられる。

生態学的妥当性であれ、事例の重要性を主張するのであれ、いずれにしても一般理論を実践に適用するという志向が底流にあることは否定できない。つまり、佐藤氏のいう「科学的技術の合理的適用」という枠組みを超えてはいないのである。

もし、実践の中の理論を問題とする場合、まず研究の視点を明確にしておく必要がある。というのは、心理学もしくは教育心理学と実践との乖離が問題となるのは、少なくとも吉田（吉田・鈴木、一九九五）が指摘するように、二つの視点が混在しているからではないだろうか。二つの視点とは、カリキュラス視点とコレスポンデンス・ルール視点である。カリキュラス視点（計算体系視点）とは、科学理論を構成しているそれぞれの部分について、その間のロジカルな関係だけに着目する。例えば、XとYとの関係という場合、このXは具体的に何を意味するのか、物理的な力を意味しているのか、それとも公正という概念を意味しているのか、そういうことは全然問わずに、ロジカルな関係だけに着目するのを、普通カリキュラス視点と言っている。他方、コレスポンデンス・ルール視点（対応規則視点）とは、それぞれの変項、あるいはそれらの間の関係が経験的に何を意味しているのかという面に着目する。

つまり、形式的なカリキュラス視点と意味的なコレスポンデンス・ルール視点はいずれも重要であるけれども、まずそれを混同しないということを念頭におく必要があるというのである。混同しないということによって、対象とする実践（事例）の位置づけがまったく異なることになる。しかしながら、現在の教育実践をめぐっては意味的なコレスポンデンス・ルール視点の立場に立つ研究を進めながら、カリキュラス視点からの検証を求めているのではないだろうか。すなわち、教育実践における意味を失う方向へと心理学が向かっているということになるのである。

一人称アプローチを出発点にする

実践における理論とは、結局きわめて個人的な関心に基づくものであり、それは個々人の価値観やものの見方、生き方を反映したものにほかならない。そうであるならば、それは価値的実践であり、一般化ということは無理なことである。このことを梶田（一九九〇）は『生き方の心理学』のあとがきに次のように書いている。

> この本は、何よりもまず、私自身のために書いたものである。この本の内容は、思春期の頃から知齢の歳を迎えた現在まで、私自身が、自分の内面で、自分自身と対話してきたところを主要な素材にしている。言うならば、私自身が折りにふれて考えざるをえなかったこと、そして自分自身に言い聞かせなくてはならなかったこと、に他ならない。その意味で、この本は、私自身のきわめて個人的な関心のあり方を反映したものである。……この本をすべての人に読んでいただきたいなどとは、毛頭考えていない。基本的な感覚を異にする人には、この本は始めから無縁な存在であろう。共にこの世界に生を受け、共有の世界で役割分担をしつつ依存しあって生きているとしても、所詮「同床異夢」の場合もあるからである。……

ここに示されたように、心理学と教育実践とがつながるということは、研究者個々人が、授業参観や授業参加という体験に基づく一人称アプローチを出発点として、互いの了解可能性を追究することであるのではないだろうか。つまり、教育実践を対象化して、外側から捉えるという三人称アプロー

表1　教育実践研究の主要タイプ（梶田，1995）

	〈探索研究〉 この事柄は一体どうなっているのか	〈検証研究〉 この事柄に関し何をどう確認するか	〈開発研究〉 この事柄の改善のため何を創出するか
〈1人称アプローチ〉 ⇒教師である私は ⇒学習者である私は	○自分の実践過程の見返り（実践記録） ○自分の学習過程の見返り	○自分の実践過程について何らかの仮説検証を試みる ○自分の学習過程について何らかの仮説検証を試みる	○自分の実践に役立つ教材・教具等を工夫して作り出す ○自分の学習に役立つ教材等を工夫して作り出す
〈2人称アプローチ〉 ⇒あなたは教師として あなたの授業は ⇒あなたは学習者として あなたの学習は	○親しい教師の実践過程について資料を収集・整理する ○親しい誰かの学習について資料を収集・整理する	○親しい教師の実践過程について何らかの仮説検証を試みる ○親しい誰かの学習について何らかの仮説検証を試みる	○親しい教師の実践のために教材・教具等を作り出す ○親しい誰かの学習のために教材等を作り出す
〈3人称アプローチ〉 ⇒一般に教師あるいは授業は ⇒一般に学習者あるいは学習は	○教師あるいは実践について何が問題か資料を検討する ○学習者あるいは学習について何が問題か資料を検討する	○教師あるいは授業について何らかの仮説検証を試みる ○学習者あるいは学習について何らかの仮説検証を試みる	○どの教師にも役立ちそうな教材・教具等を工夫して作り出す ○どの学習者にも役立ちそうな教材等を工夫して作り出す

チを出発点とするのでは、実践における理論と一般理論とを二分法として捉えるという枠組みを超えることはできないということであろう。参考までに梶田（一九九五）による教育実践研究の分類を表1に示しておく。

この実践における理論と一般理論との二分法に関連して、作田（一九九五）は、人間は二重の存在であるという視点が失われ、一次元の存在として人間を捉えるという社会学が繁栄していると述べ、その問題点を指摘している（このことは心理学にも当てはまる）。それによると、一次元的に人間を捉えると、社会のいろいろな要求に合わせて生きている、でくのぼうみたいな存在、これが人間の本性という考え方になり、例えば、刑事裁判で被告の行為の動機としてあげられる「金欲しさ」「性欲の充足」「地位の保全や獲得」などの抽象的なカテゴリーによって、行為を説明するということになる。いかにも一般的な用語で説明されるようであるが、実は行為の動機を説明していないということである。

したがって、心理学と教育実践との間をつなぐということは、とりもなおさず、作田の言葉を借りれば一次元的な存在としての人間という捉え方から、三次元の人間としての捉え方への転換が求められ、そのことによって心理学という科学が転換（佐伯氏によれば心理学の転移）しなければならないということである。

文献

吉田民人・鈴木正仁（編）　一九九五　『自己組織性とは何か——二一世紀の学問論にむけて』ミネルヴァ書房。
梶田叡一　一九九〇　『生き方の心理学』有斐閣。
梶田叡一　一九九五　『教育心理学への招待』ミネルヴァ書房。
作田啓一　一九九五　『三次元の人間』行路社。

コメント5

心理学者は何を反省すべきなのか――佐藤公治

教育心理学の性格をめぐる長い間の議論

日本の教育心理学では教育実践上の諸問題に「役立つ」ような研究をしていないのではないかという内部批判や、学問の性格をめぐる議論が何度もくり返し行われてきた。例えば、日本教育心理学会の過去の大会シンポジウムでは、教育実践への関わり方をめぐる議論や教育実践に貢献できないでいるといういわゆる「教育心理学の不毛性」についての反省がくり返されてきた。しかも、この種の議論は大正、昭和の初期から始まっていた（依田、一九六〇、肥田野ら、一九六六）こと、そして今日までこの教育心理学の学問の根幹に関わるような問題が精算されることなくいまだに議論されていることを考えると、序章で佐伯氏が指摘するように、確かにこれまでの「反省の仕方」に問題があったと言わざるを得ないのである。

教育心理学者の「反省の仕方」の第一の型は、教育心理学が教育実践の問題に貢献できていないのは心理学の基礎研究の不十分さにあるという考え方である。日本教育心理学会が設立されて間もない時期に依田（一九六〇）は次のように述べている。「教育心理学の進歩が、まだ現状ではすぐに役に立つようなレベルには達していない、というだけである。今はまだずっと低いレベルの基礎的な研究の積み重ねが必要な段階なのである」。つまり、基礎的な研究が充実してくると自ずと教育心理学の不毛性は解消されるというのであるが、四〇年近くを経てこれだけ心理学研究の蓄積があっても依然として根本的な解決には至っていないのが現実なのである。

これとは異なった第二の「反省」の型を、城戸（一九五八）の「心理学と教育」に見ることができる。彼は、教育心理学を技術学ないしは応用科学とみなして、基礎科学である一般心理学と区別することに異を唱える。教育心理学は教育という事象を扱っており、意識や行動の問題を解くための研究とは違った独自の課題と方法を有しており、単に一般心理学の応用で済むようなものではないと言う。そもそも、基礎研究と応用研究という形で分けること自体が問題なのであり、教育心理学は独自の対象と方法を持った基礎科学であり、同時に実践の学でもあるべきだと彼は主張するのである。そうなると自ずから研究の成果は実践に直接貢献することが可能になるのであって、あえて応用や応用可能性などを議論する必要もなくなると言うのである。また城戸（一九五九）は別のところで、教育心理学の研究法として、アクション・リサーチの方法が取られるべきであると述べている。これは文部省科学研究費の総合研究として行われた研究とその一環として行われたシンポジウムを、『教育心理学研究』の特集として掲載した中で述べたものである。教科教育は作用（アクション）と反作用（リアクション）の関係として捉えるべきであり、生徒に働きかける教材、教師と、リアクションとしての生徒の反応をトータルに捉えることと、教材や指導方法などのアクション側の変数を操作してみるといったことも時には必要なのだと言う。そのほか、城戸と類似の立場に立っていた研究者として、正木正や続有恒をあげることができるが、彼らは教育過程を教育する人間とされる人間との関係として捉え、いわば教育心理学を関係の学であるとみなしている。

以上の二つの「反省の仕方」は教育実践やその実践の場に対する心理学者の姿勢の違いを表している。前者の立場では、心理学者は心理学の知識や技術を提供・伝授するいわば「技術的知識の供給者」ないし「啓蒙家」(波多野・山下、一九八七)として振る舞うことになる。波多野らが述べているように、明らかにこのような役割を果たしてきた心理学者の方がはるかに多いのであり、教育心理学の伝統を形成してきたのである。1章で佐藤氏が指摘している「理論の実践化(theory into practice)」がこれに相当するものだろう。これに対して、後者は、現場の教師との共同作業をしながら教育実践の場から触発された問題を発展させ、学校の実践上の問題を教育心理学の課題としていくタイプで、先の波多野らの分類では「触発型」に属するものである。城戸や正木、続に共通しているのは教育実践の場で展開されている人間の具体的な活動を研究の対象としていることであり、実践の場と実践の問題に積極的に関わることを研究の基本的な姿勢としている点である。無理に当てはめると佐藤氏の分類では、「実践の中の理論(theory in practice)」がこれに相当するのかもしれない。そして、このような彼らの主張は後の教育心理学でも決して主流にはなっていかなかったところに教育心理学の不幸があるといえるだろう。

心理学の語り口

それでは、なぜ、心理学者は教育実践の場では自覚しているか否かにかかわらず「技術的知識の供給者」や「啓蒙家」として振る舞ってしまうのだろうか。

それは明らかに私たちの心理学が持っている性質とは決して無縁であるはずがないのであって、心理学者個人の性格や教育実践に対する態度には帰結できないものがあると言わなければならない。だからこそ、教育実践との関わりを問題にするということは心理学が暗黙のうちに持ってきた能力観や学習観、さらには心理学理論そのものに逆照射し、それらを相対化する契機として位置づけなければならないのである。そうでなければ、いつまでたっても心理学の内部批判の力とはなっていかないで、単なる教育心理学は役に立つか立たないのかといった議論に終わってしまうだけになってしまう。

一つはこれまでの心理学が状況変数への無自覚さと抽象的一般的な理論への過度なまでの信奉を持ってきたということである。これは何も心理学ばかりの話ではないのだが、精神科学の場合には自然科学とは異なった特別の意味を帯びてくると言わなければならない。実験室と教室では状況があまりにも違うということを、かつて私たちはどこまで自覚できていただろうか。

もう一つは、3章で石黒氏が強調しているように、心理学が基本的な枠組みとして持っている個人主義的人間観であり、個人主義的能力観・学習観である。私はそれに教育の問題に直面したときに見せる児童中心主義という思想も加えたい。そこでは人間が置かれている状況や道具（tool）とは無縁な形で個人の内部にある能力や技能だけで学習の成立や、その障害といったものを説明してしまうからこそ学習者を取り巻いている状況の諸変数を無視して一般化した説明や心理学理論といったものを実践に容易に当てはめてしまうといったことをするのである。

チャールズ・テーラー（Taylor, 1989）が指摘するように個人主義的能力観は近代主義の支配的なイデオロギーであり、そこでは自分の力だけで生きていくための「能力」を身につけることを絶えず個人に要求してくる。このような能力観の背後にあるのがテーラーが、政治的アトミズム（political atomism）という言葉で表現しているものである。近代社会は自由で自律的な個人から成り立っているのであり、個人的な存在としての人間は社会的な存在としての人間よりも先行しており、何よりも個人の権利が優先されることになる。個人は社会がなくても自立できるという、いわば世界から「遊離した自己（disengaged self）」というものを私たちは人間像として持ってしまったのである。このアトミズムが心理学の中に入ったときには、この近代的な知の伝統に則って個人を孤立させた形で精神や能力をばらばらに分解していくということが当然のこととして行われていったのである（Taylor, 1985）。

もちろん、学校教育でもこの近代的な自己と近代的知の考えが支配しているのであって、心理学の能力概念や学習観は見事なまでに学校教育の実践の中に入り込み、個人主義的能力観や学習観を絶えず補強し続ける役割を果たしてきたと言ってよいだろう。だから、1章で佐藤氏が指摘するように学校教育においては実に多くの心理学概念がはびこっており、心理学は教育実践に実におおいに役立っているのである。個人主義的な能力観・学習観の形成に与り、近代主義的人間観のイデオロギー形成に貢献しているという意味で。子どもの個性や主体性を重視するといった学校教育の場で頻繁に使われるこの言葉は児童中心主義と発達観を背景に持っているのであり、孤立した子どもというものを実体化したイデオロギーであり、アトミズム的人間観そのものである。

このような個人主義的人間観とは一線を画す考え方がなかったわけではない。例えば、教育学の中でも宮澤（一九八六）は「大人と子どもの関係」や「教育的人間関係」の教育学を〈教育関係〉史として研究すること、さらにはこの〈教育関係〉によってミクロの教育実践とマクロの教育実践（つまり、教育制度や教育行政）とをつなげて論じていくことを提案している。あるいは、右でも述べておいたように、かつて心理学の中でも正木正のような関係論的な発想で教育を捉える発想があった。それらが決して主流にならなかったのは、きわめて強固な個人主義的能力観を心理学が持ち続けてきたことによるのである。レインとエスターソン（Laing & Esterson, 1964）はかつて分裂病という精神の病は対人関係の連鎖系の病であると言った。心理学においても研究の基本的姿勢として関係論的な視座をどこまで持つことができるのかが問われているのである。

心理学はその学問的性格として没価値的であるなどということは幻想にすぎない。要はこういったことにどこまで自覚的であるかということなのである。心理学の内部における議論ならまだしも、少なくとも教育の実践の場に私たちが関わり一定の作用を与える可能性があるのならば、自分たちの学問が持っているイデオロギー性を自覚しておかなければ影響を自分たちでも制御できなくなってしまうのである。

4章で佐伯氏が指摘しているように、実験室的研究それ自身からも内部変革への動きが生まれることもあるだろう。しかし圧倒的に実験室的研究は条件を異常なまでに統制し、個人をバラバラにした状況に身を置かせてた中で人間のマインドとそのいとなみを捉えるという実験室的な発想を拡大再生産し続けていることの方が多いのだ。だからこそ、あえて筆者は心理学の個人主義的能力観を打破するための方法として、まずは実験室を出てフィールドに身を置いてみることは必要な通過儀礼だと考えるのである。もちろんそのときには心理学の伝統的な方法論を疑ってかかるという姿勢を同時にもたなければ、フィールドの経験から得られるものは何もなくなる。

モノローグ的な関わりと権威的な言説からいかに自由になるか

心理学者が教育の実践の場で啓蒙主義的に振る舞ってしまうことによって生まれる最大の問題は何であろうか。それは真の対話が閉ざされてしまうことであり、対話的交流から生まれる創造の可能性が否定されてしまうことである。なぜならば、そこでは一方的な情報伝達や指導というものが前面に出てくるからであり、それはまさにバフチン（Бахтин, 1975）の言うモノローグ的な情報の流れが主流の「権威的な言葉」に満ちた世界になってしまうのである。

教育研究においては、何も心理学者だけが「権威的な言葉」を発する元凶ではなかった。2章で宮崎氏が指摘しているように「教科研」運動の中で、そして鳥山敏子の実践の受けとめ方の趨勢として、「典型化」とその「一般化」=応用可能性がモノローグ的な言説となって現場実践の中に落ちていく危険性を秘めていたということなのである。このような例は実に多いのである。例えば、「カルテと座席表による授業案」で知られている静岡の安東小学校、あるいはなぜか築地久子という一人の授業実践者と結びついた形で定着してしまった実践があるが、カルテや座席表案などといった道具だけを模倣している実践者に出くわすことがしばしばある。ひどい場合には授業そっちのけで子どもの様子をカルテに一生懸命記入するという教師さえも現れてしまう。本来は、子どもたちが育っていて、教師が授業展開の中で前面に出なくても済むまでになった結果として、教師は子どもたちの様子に目を配ることや、カルテによる記入というものが初めて可能になったのである。だから子どもたちの問題解決の能力が育っていること、それを育てることが大前提になければならないのだが、ここを無視してカルテや座席表案だけが一般化されて広まってしまっているのである。これを防ぐためには、実践者の具体的な実践と実践者からの生の声を聞き、実践を肌で感じるしかない。だからこそ、このことを知っている実践者は毎年、安東小学校やその他の実践校の研究会に時間を惜しんでまで出かけるのだ。

宮崎氏が指摘したことは、「委員会の論理」か「集団の論理」か（竹内、一九八〇）という運動論の基本に関わるような問題を含んでいるが、筆者は、小集団や小さな研究サークルの中でこそ可能になっている対話的交流と批判的相互行為こそが教育実践研究の基本的スタイルであるべきだと考える。そして、何よりも「小さなもの、小さな声に真理が宿る」（市村、一九九四）のであり、だからこそ私たちは実践に直接関わることで何かを得ようとするのである。かつて三浦（一九七七）は、仮説実験授業の実践者で三段階連関理論で知られる庄司和晃の実践に関連して次のようなことを述べている。

「教育にはのぼりとくだりと両方の過程の訓練が必要であって、仮説実験授業でも授業記録の示すように、子どもたちはのぼりの過程で身につけた原理をつぎにくだりの過程で具体化して適用するのだから、教師は両方の過程に気を配らなければならない。教育の現場で実践している人間からこのような理論が生まれ、哲学者や教育学者からは生まれなかったことを、われわれは反省する必要があろう。小学校の教諭だと聞くと、理論の創造とは無関係の人間だと軽蔑し、思弁的な解釈学をふりまわす大学の教授などに理論の創造を期待する傾向があるけれども、そういう先入観をすてて仕事それ自体を冷静に検討してみなければならない」。

今大事なことは、私たち心理学者は授業実践の場に入り、授業実践やその経験を心理学者は心理学者の視点で、そして小中学校の教師は授業実践に関わる者の視点から多面的に眺め違った視点を交流し合うことである。1章で佐藤氏は研究者は同時に学校教育の中で実践者になることの重要性を指摘しているが、そのような研究のスタイルを取れるのはきわめて希有な例でしかないし、むしろ違った領域の者どうしの共同作業の中で展開される異質性の交流こそが今、最も必要とされていることであると考える。研究者でありながら小学校の教室において授業実践を展開していった希有な例として、林竹二という研究者を私たちは知っている。当初、熱烈な思いで林の授業実践を見、受け入れていった実践者たちの中にはしだいに彼から離れ、また実践を共有できる人ではないと拒絶していった人たちがあった。その人たち（例えば、佐藤、一九八八）は、林は所詮は客人であり、授業実践者としては素人にすぎないという否定的な総括をせざるを得なくなったのである。しかも学校の教師はさっぱり勉強をしていないと一方的に断罪する林の言動からは、創造的な対話などを期待することができなかったのだろう。

私たちが肝に銘じておくべきことは、異質な視点と発想を持った者、違った状況の中での実践や経験を持ってきた者どうしの対話的交流の中からしか新しい発想や創造性は生まれてこないということである。それは自己の中で生じる視点の揺らぎの場合も同様である。宮崎氏が、観察のフィールドに入ったときには客観的な資料の収集者や観察者というモードと、子どもとの経験を持とうとする者との異なったモードの間を揺れるのだという経験を吐露しているが、実感を持って同意できると同時に、一人の研究者の中に異質な視点が生まれること、宮崎氏の言葉では「自らの理論的枠組みを相対化する」ことこそが新しいものを生み出すための重要な契機になっていると思うのである。

心理学の反省の仕方

心理学者の反省の仕方として、現場に役立つような情報を提供してこなかったことを反省するのではなく、私たちがこれまで取ってきた能力観、人間観への根本的な見直しという心理学の学問それ自体を反省の対象にするものでなければならない。それは当然のことながら、従来までの研究方法や理論的枠組みの破壊と再生を伴わざるを得ないのだが、実践に関わるということは自らの学問や研究への批判と新しい学問研究の再生と創造の力になっていくということであり、自らの内なる変革の可能性を内包していないものは実践へ関わる意味そのものも失われてしまう。

文献

Бажтин, M. M.（バフチン、M・M）1975 Слово в романе. 伊東一郎（訳）一九七九『小説の言葉』新時代社。

波多野誼余夫・山下恒男（編）一九八七『教育心理の社会史』有斐閣。

肥田野直・山下栄一・滝沢三千代・春日喬・内山武治・山際一朗・北川礼子・井本裕久　一九六六「わが国における教育心理学の発展――概論書の内容分析に基づく考察」、『東京大学教育学部紀要』第九巻、一―二〇ページ。

市村弘正　一九九四『小さなものの諸形態』筑摩書房。

城戸幡太郎　一九五八『心理学と教育』国土社。

城戸幡太郎　一九五九「教科の教育心理学的研究の問題と方法（シンポジウム）」、『教育心理学研究』第六巻、一九三―一九五ページ。

Laing, R. D., & Esterson, A. 1964 *Sanity, madness and the family: Families of schizophrenics.* Tavistock Publications. 笠原嘉・辻和子（訳）一九七二『狂気と家族』みすず書房。

三浦つとむ　一九七七『言語学と記号学』勁草書房。

宮澤康人　一九八六「〈教育関係〉史の可能性」、東京大学教育学部教育哲学・教育史研究室『研究室紀要』第一二号、四二―五一ページ。

佐藤通雅　一九八八『生徒―教師の場所』學藝書林。

竹内成明　一九八〇『闊達な愚者――相互性のなかの主体』れんが書房新社。

Taylor, C. 1985 *Human agency and language : Philosophical Papers 1*. Cambridge University Press.

Taylor, C. 1989 *Sources of the self : The making of the modern identity*. Harvard University Press.

依田新　一九六〇　『教育心理学入門』有斐閣。

コメントへの返答1

教育心理学の脱・心理学

佐藤　学

　1章「教師の実践的思考の中の心理学」は、日本教育心理学会の二つの大会（第三八回大会・筑波大学・一九九六年、第三九回大会・広島大学・一九九七年）の二つのシンポジウム（「学校実践を捉える——実践的研究とは何か」「教師と子どもの学びのプロセスへのアプローチ——教室からの教育心理学理論の構築」）における二つの報告（「教師の実践的思考の中の心理学的アプローチ」「学びへのアクション・リサーチ——方法論の省察」）を一まとまりの論文に総合し、本書の趣旨に即して加筆したものである。

　二つのシンポジウムはいずれも盛況だったが、その熱気の只中の私は、あい矛盾する複雑な印象にとまどわずにはいられなかった。一方で、学会員ではない私を招待し、教育実践から遊離した研究への批判を積極的に受容しようとする学会の開かれた姿勢が、教育心理学の変革への希望を抱かせたことは事実である。しかし、もう一方では、教育実践と心理学との接点を何が何でも見出そうとする参加者の意識の過剰さには、率直に言って辟易してしまった。私の参加したシンポジウムだけでなく、二つの大会のシンポジウムの大半が、教育心理学の実践的な有効性を探究する内容で覆われており、そのプラグマティックな短絡性に驚かずにはいられなかったのである。実際、二つのシンポジウムのほかにもいくつかのシンポジウムで「指定討論者」の役割も担ったのだが、数人の報告や発言を除いて、教室のリアリティの厚みや奥行きが感じられなかったし、教室の場で生起したはずのアクチュアルな発見や省察がヴィヴィッドに伝わってこなかったのである。

そもそも、教育心理学者が実験室から出て教室に立つことは、自らの学問を解体の危機にさらす危うい行為であり、教育現実と格闘する主体として自らを再定位する革命的な行為であるはずだが、そのような秘められた強烈な主張が、ほとんどの報告や発言からは感じとれなかった。むしろ教育心理学の安直な有用性には疑義を表明しながらも、「親学問」である心理学が今とは異なる心理学に変わりさえすれば、すべて問題は解決されるに違いないという「心理学主義」が揺るぎない信念として反復されて語られているようにも思われた。同種の違和感は教育社会学者の「社会学主義」に対しても覚えてきたのだが、あらためて、教育心理学の歴史の研究を私自身の課題として推進する必要を痛感したのである。

五人の方々のコメントを読んで、私がシンポジウムで感じた違和感が、教育心理学者の中で共有されつつあることを確認することができた。守屋、やまだ、佐藤の各氏が指摘されたように、私は「教育心理学」と「心理学」という概念を区別して論じている。いわゆる「親学問」と「子学問」の間の「基礎」と「応用」の関係を問題にしたかったからであり、「教育心理学」が心理学の一分肢という枠から脱け出て、「教育心理学」という範疇さえも透明化して「教育研究」そのものへと脱皮すべきだと思うからである。しかし、私は心理学への回帰、あるいは心理学の復権、もしくは再生を主張しているのではない。逆に、一九世紀に哲学から分離して確立した実証主義的で自然科学的な心理学は、もはや歴史的生命を終えていると思っている。教育心理学者に対して心理学の越境を主張するのも、この趣旨からである。

例えば、心理学にせよ、社会学にせよ、教師や子どもの固有名が登場した途端に「一般性」や「普遍性」を喪失してしまう。固有名が登場する事象は文学（物語）の対象であって、科学の対象ではない、というのが心理学や社会学の立場である。しかし、固有名で語られない「教育実践」とは、もはや抽象的な虚構でしかないだろう。少なくとも心理学や社会学は、固有名で表記される教育実践を扱える科学としては成立していないのである。

しかし、同時に私は、「理論知（科学の知）」を「実践知（臨床の知）」に置き換えたり、法則定立学の「命題的認識」を排して個性記述法の「物語的認識」を特権化することによって、この事態に対処しうるとは考えていない。そのような理解は、教育の心理学が何よりも制度として組織されている現実を無視しているし、「実践知（臨床の知）」や「物語的認識」の言語やレトリックが、ことごとく「理論知（科学の知）」である「命題的認識」によって規定されている現実を無視している。そもそも、「実践」と「理論」、「科学」と「臨床」、「命題」と「物語」を二項対立的に扱う思考それ自体が、一九世紀の近代科学の産物なのである。浅田氏の言うように「一人称の語り」を出発点にしようとも、やまだ氏の言うように「文化人類学や社会学など学際領域のフィールド・ワークや実践的方法論との柔軟な対話」を遂行しようとも、佐藤氏の言うように「反省の仕方」を転換しようとも、あるいは、守屋氏の言うように「実践」に立脚して教師と「願い」と「祈り」を共有しようとも、そこで語られ言説化される言語やレトリックが既存の心理学の反復と再生産に終始してしまっては、何も解決したことにはならない。その危険は、これまでの教育心理学の研究から見ても決して杞憂とは言えないだろう。

私は、五人の方々のコメントが前提とされている「教育実践」と「心理学」との関係は、あまりにも直接的な行為の次元における両者の関係に限定されているように思われる。丸野氏の指摘する「実践に関するメタ認知」の必要は、もっと広義に解釈される必要がある。教室における教師と子どもの活動と言っても、真空地帯で展開されているのではない。しかも、心理学の理論が体現している場は、教師と子どもの活動の内側に閉ざされているのでもない。心理学の理論の具体的な機能は、教師と子どもの身体と言葉を規定している語りや言説というメタ実践的な知の機能もあれば、教室の空間や時間を規定しているメタ状況的な知の機能もあれば、学校のカリキュラムや組織を規定しているメタ文化的・メタ制度的な知の機能もある。心理学の語りと言説と装置が浸透しきっているのが教室の実践であり、教師も子どももそこから自由になることは不可能である。私たちが遂行しうるのは、心理学によって構成された現実との格闘であり、心理学主義化された教育実践を脱構築する心理学の言説的実践なのである。

何よりも必要なことは、教育学と心理学の概念に対する批判精神であり、徹底した懐疑的態度だろう。教育心理学の歴史をたどると、教育実践を心理学が呪縛し制度化してきた歴史も、その制度的呪縛へのあらがいを通して教育実践を再定義してきた歴史もたどり直すことが可能である。ジェームズ、デューイ、ピアジェ、ヴィゴツキー、ワロン、レヴィン、ブルーナーなど、教育実践に対峙し再構築に挑戦した心理学者の軌跡から学び直す必要を痛感している。佐藤氏の指摘されたように、わが国では、城戸幡太郎の「教育心理学」の概念が示唆的である。私自身、修士論文は「城戸幡太郎の教育技術論」であり、「教育実践を対象とする科学」として「教育心理学＝教育科学」を構想した城戸の枠組みが今も私の理論の骨格の一部を形成している。まず教育心理学の歴史的研究を私の今後の課題として設定しておきたい。

しかし、教育実践の創造と批評を推進する心理学の言説的実践が、どのようなかたちをとるものなのかについては、私自身の言説的実践であるアクション・リサーチの事例研究において表現するほかはない。本書の執筆において私が迷ったのは、「教育実践と心理学」の関係を理論的探究の論文で提示すべきか、アクション・リサーチの具体的事例の記述において提示すべきか、という問題であった。その本書では前者でしか表現できなかったが、次の機会には後者の課題に挑戦して応えたいと思う。その言説的実践こそが、本書では十分に応えられなかった五人の方々と読者への返答になると思うのである。

コメントへの返答2

「心理学」の立場に立つことが「教育実践」の立場に立つことである

――宮崎清孝

五氏のコメントは、筆者の論考への直接的な言及の有無に関わらず、いずれも筆者にとって大きな参考となるものであった。何よりも、筆者たちの抱えている問題意識が多くの方々にも同時に共有されていることがみてとれたことが心強く、さらにこの問題について考えていくことへの新たな動機づけとなるものであった。

より直接的に筆者の論考の不十分さをあらためて感じさせられたコメントもあった。一つだけ述べておけば筆者が〈私―あなた〉としてある関係を一人称性としたことについて、やまだ氏はそれを二人称的というべきであるとされ、また丸野氏もそれを「一・二人称性」と書き直されることによって間接的にその点を指摘された。実はこの問題は他の場所でも同様に指摘された点であった。* この点について一言だけいっておくと、これをあえて一人称性としたとき筆者の頭の中にあったのは「一人称複数」性、つまり「私たち」という立場であった。だがそれについてさらに吟味し、展開するのは「今後の課題として期待したい」というやまだ氏の言葉に甘えさせていただき、別の機会にゆずることにする。

＊『発達心理学研究』第九巻一号に掲載した筆者の意見論文「教育実践の事例研究と『厚い記述』」に対する編集委員のコメントにおいて同じ問題点を指摘された。

以下ここでは五氏の中でも特にいくつかの点での答えを要求された守屋氏のコメントに主として応えることで、本文での論考の補完を簡単に行う。

まず、筆者（たち）が教育心理学という用語を用いず心理学という用語をもっぱら用いていたことについての氏の指摘からはじめよう。他の筆者たちはさておき、このことは、そして題名を「教育心理学と教育実践の間で」ではなく「心理学と教育実践の間で」とすることは、筆者にとってはきわめて意識的な選択であった。

ここで筆者が「心理学」をどのようなものと考えるのかについてごく簡単に述べておこう。筆者にとっての心理学とは、それを知ることで自分たち人間についての理解が大きく広がるという意味で意義のある人間の活動、経験を記述することを目標とする科学である。この際、対象となる活動は法則的なものであったり一般的なものである必要はない。たとえ一個の事例にすぎなくても、それがこのような意味で意義を持てばそれは対象になり得る。またここでとりあえず目指されるのは出来事の中の様々な側面の諸関連を解明して「記述」することであり、いわゆる因果関係の解明が伴うことは必要がない。必要なのは、対象とした出来事がどのような点から人間についての理解を広げるのかを明らかにすることである。

筆者自身はこのような立場から、もっぱら教育実践、それも守屋氏のいう「すぐれた授業」を対象とした研究を行ってきている。それはすぐれた授業が前記のような意義をもった活動であると筆者が信じているからであり、また逆にいえばそれらの実践の持つそのような意義を解明し、それを他の、それらの実践からは遠いところにある人々と共有していきたいと考えるからである。

このことを守屋氏に強調する必要はないが、しかし教育実践から遠いところにいる多くの読者にぜひここで強調しておきたいことは、すぐれた授業を産み出そうとする教師の活動は創造的ないとなみであり、それは人間の活動のエンベロープを大きく広げているということである。そのような授業は、極端な場合一人の特定の実践者によってのみ可能であるものだとしても、人間の活動の可能性について多くのことを教えてくれるし、その意味で普遍性を持っている。

このようにいっていくと、守屋氏からはあるいは「それではあなたは教育実践を単なる対象としてのみ扱い、そこから知を一方的に奪うだけではないか」という意見が返されるかもしれない。だが筆者はそのようには考えない。

すぐれた授業と出会い、またそれを産み出すすぐれた実践者と個人的にも関わる中で、筆者は常に、「このような人たちに心理学は、あるいは私個人はいったい何を返すことができるのだろう」という絶望的な思いを持つことを禁じ得ない。本文に述べた考えは暫定的なものであるとはいえ、このような絶望を背景にして生まれ、また自らをその絶望から解放するための努力なのである。そこでキーとなるのが本文で書いたように実践知の中の自己を腑分けし、それを越えてある普遍的な意義を持つ一面性を抽出することである。

その結果産み出される科学の知、それは守屋氏の言葉を借りれば「一般に人間の心の働きを捉える」ものになるだろうが、そのような知こそ、すぐれた実践者が自らの実践について反省するときの、またそのような実践者にあこがれ、それをただ模倣しようと努めている実践者が自分なりのすぐれた実践を作り出すときの一つの参考資料、資源になり得ると筆者は考えているのである。このような筆者の考えは、佐藤氏のいう theory through practice の立場をその問題点を克服し筆者なりに作り替えようとするものであるということができる。また彼の theory in practice の立場において実践者が自らの理論、実践知を反省していくとき、反省していくための一つの資源を提供しようとするものでもある。

筆者のこのような考え方の背景には、何事かを作り出すための実践知と、見て取ろうとするための科学の知の間に最終的に乗り越えられない裂け目があるという感覚が存在している。これは一般的な考え方とは違うかもしれないが、この二つの間を安直につなげる考え方こそが〈原理—応用〉図式、佐藤氏のいう theory into practice の立場を増殖させていく主なる原因のように思われる。

二つを安直につなぐ考え方がいわゆる科学技術の発展にその実感的な基盤を持つのではないかと本文で述べた。しかし自然科学と工学的な技術の間の関係ですら、そのようなものではないことを押さえておくことが必要であろう。「設計の『科学』がどんなに推進されたとしても、不確実な世界の中の現実のものの設計が成功したなら、それはどんな場合も科学よりもむしろ技に基づいているのである」(Ferguson, 1992)。

もちろん現実の思索の中ではこの二つが混合している場合もあるだろう。守屋氏もいうように神田橋（このすぐれた思索家を、筆者はなお何よりも実践者であると規定したいのだが）の著作の中では確かに自己を腑分けしていく行為が様々にみられる。にもかかわらず、彼の具体的な技法、例えば「離魂融合」といったものは彼の自己と切り離しがたく結びついていて、その自己を腑分けしていくことがその活動の人間一般にとっての普遍的な意味を明らかにしていくために（そして他の臨床家が自分なりの技法を開発する参考となるために）必要であるのだ。

なおここに述べたことは、やまだ氏の「実践知は科学の知へと洗練されていくことはないのか」という筆者への問いへの答えでもある。ここにはおそらく実践知の規定の違いもあるように思われるが、当面その違いを無視していけば少なくとも直線的な発展はあり得ないというのが筆者の今の考えである。その関係づけには本文で述べたような実践知における自己の腑分けと一面化が必要であると筆者は考えている。

ここまで守屋氏の提出したいくつかの疑問に答えてきたつもりである。だが同時に、教師養成課程で苦闘している守屋氏が感じる違和感の根源はおそらく解決していないとも感じている。筆者なりの言葉でいえばそれはおそらく「実践者になろうとしている人たちに、あるいは自らを育てていこうとする実践者に、『心理学』を資源だとして単に提示するだけでいいのか」という疑問である。

この問題に対する答えを今筆者は用意していない。しかし探求すべき方向ははっきりしている。個々の提示の仕方もさることながら、必要なことは実践者がすぐれた実践者になるための道筋は、言い換えればすぐれた実践知を作り出す過程はどのようなものであるかということの解明である。本文で紹介したベナーやドレイファスの仕事があるとはいうものの、これらでは実践知の生成が実践者の自己の生成でもあることに気づかれていない点でまったく不十分なものである。そのことを押さえた実践知の生成論が必要であり、本論考をとりあえず終了させた時点で筆者にとって大きな宿題として残っていると考えている。むろんそこで目指されるのは、それを知り応用することで自動的にすぐれた教師になれてしまうようなものではなく、すぐれた教師を目指すものが「文学や芸術や歴史と同列」に参考にしうる科学の知であることはいうまでもない。

ここまで考えてきたことを踏まえ、最後に守屋氏の提出した最初の問い、「あなたは既存の心理学の立場に立つのか教育実践の立場に立つのか」という問いに答えるとすれば、それは「筆者なりの心理学に立つことが同時に教育実践の立場に立つことでもある」というものであることがおわかりいただけると思う。さらにいえば本文の最後の方でも述べたように、科学の知を作り出そうとする研究者のいとなみ自体、一つの実践知の働きでもある。科学者の行為はそのような矛盾に満ちた行為である。その意味も含め、科学の立場に立つことは同時に実践の立場に立つことなのである。

文献

Ferguson, E. S. 1992 *Engineering and the mind's eye.* MIT Press. 藤原良樹・砂田久吉（訳） 一九九五 『技術屋の心眼』平凡社。

コメントへの返答3

「実践」の概念と「教育心理学」

石黒広昭

「心理学とは何なのか」「教育心理学とは何なのか」「教育現場と心理学との関係はいかなるものか」などという、研究者なり、現場の人々が自分の立場を再確認するような、その認識の基本的なフレームワークに関わる問いを吟味するということは、どうもそれほど日常的に行われているものではないようだ。むしろ、自分が暗黙のうちに背負っているフレームワークを問わずに、「どうすればしっかりとした心理学的研究になりうるのか」とか「現場にどうすれば貢献できるのか」という、素朴に「何かしなければいけないのだ」と当然のように考えていることの実行可能性を高めることに勢力をそそぎ込んでいることが多いように見受けられる。

本書はそうした点では異色である。これまでもこうした心理学や心理学と教育実践との関係それ自体を論議の俎上にあげ、その枠組みを検討することがなかったわけではない。しかし、それはあくまでも数の上でも、心理学コミュニティ内の勢力としてもマイノリティであったことは否めないであろう。今回あらためてこうした形で本がうまれることになったのは、現状に対する認識として、こうした問いを立て直すことにいくばくかの意味があると考えたからである。五人のコメンターが我々の論文を読み、それぞれの立場から真摯に応答してくれたことは、こうした自明視されがちな視点やフレームワークを問い直していく上で、論議の始まりを示す。この本は答えを予定していない。先に述べたような事柄に対して、真に吟味する価値のある問いは何なのかを探ることに意義がある。まずはこのような議論が始まったことを率直に喜びたい。

さて、この本は、筑波大学で行われた日本教育心理学会のシンポジウム「学校実践を捉える——実践的研究とは何か」を契機として生まれた。私はそのシンポジウムの企画趣旨に、「学校の成員がその場においてどのような実践（la pratique scolaire）を行っているのか、それを理解するための基本的な視座と教育を研究対象とする研究者の実践への関わり方について検討する。特に、従来の心理学と学校実践との関係、授業研究などに対する心理学アプローチの問題点を明らかにし、これからの学校実践研究のあるべき方向について語り合いたい」（石黒、一九九六）と書いた。今回の本はそのシンポジウムで話したことや議論したことをそのまま書いたものではないが、私個人としては、基本的には上記の問いをこの本にも持ち込んでいる。

やまだ氏はそのコメントの中で、「実践とは何を意味するのか」と問う。そして、「ある目的を志向し、実りをもたらす実行活動」としての実践概念を紹介している。「教育実践」という言葉がそうであるように、確かに日常用語としての「実践」はそのように捉えられることが多いであろう。滝本（一九九二）は日本における近代の実践概念の変遷を示し、日本の議論は「実践を対象的活動、労働、政治的活動と言い換えながらも最終的には（自然や対象に働きかけるような）意図や意志をもつ行為という意味へと収束させていった」と述べている。これに対して、私は、ブルデューがマルセル・モース（Mauss, 1968）の身体技法の概念を発展させて構築した概念である慣習的行動や慣行、すなわちプラチック（pratique）として実践を捉えたい。このような思いが、「学校の成員がその場においてどのような実践を行っているのか」という先のシンポジウムの問いになるのである。福井・山本（一九八六）はブルデューのハビトス概念の解説として「学校教育のなかで、言語や科学的知識の内容、その教授の課程は制度化されて決められている。諸個人は、その構造のもとで、一人一人プラチックするが、その学習するプラチックは、本の読み方から文化慣習全体にわたるハビトスに導かれて、構造から自律した動きをしながら、しかし、構造のもとでのみなされている」（p. 45）と述べる。ハビトスとは「心身の処し方のシステム」のことである。例えば、授業で本を読んでいる姿勢そのもののことである。我々はそこに、教育制度をみることができる。その意味で、その身体は個人を越えている。それぞれの人を含み込む社会、歴史をそこに読みとることができる。

対象に働きかける行為としての実践（praxis）というよりも慣習行動としての実践（pratique）に関心を寄せるのは、そこに実践の当事者でさえ気づいていない社会歴史的な構造が読み込めること、それと同時に実践の具体的な場には常に「変動」が観察されることにある。それぞれの個人が社会的な構造の網の目の中に位置づけられていても、それは単に過去の再現であったり、社会的構造の個人による実現を意味するものではない。そこには必ず、変化が含まれ、それまでにはなかったことが作り出されているはずである。実践の発達をそこでは観察することができる。教育の現場を理解するということはこのような日々の再生と更新を理解することであろう。そしてこのような研究がエスノグラフィックな研究であると私は考える。

心理学者はしばしば「どのようにすればよい実践が行われうるのか」問い、「そのためには心理学は何をしなければならないのか」問う。もちろんこうした問いは重要である。しかし、その心理学がいったいどのようなフレームワークを持っているのか、またそもそも学校などの場で行われている教育実践がどのようなものであるのか知ることなしに、「貢献」を目指すことは価値の押し売りになる可能性が高く、「貢献される側」にとっては甚だ迷惑な話であろう。貢献論議の前に、そもそも「心理学がどのような人間観、言い換えれば研究の分析単位を持っているのか」「学校における実践がどのようないとなみであるのか」、この二つの基本的な問いを突き詰めていくことが必要ではないだろうか。それを蔑ろにして、貢献論議をしてもそれは空しいスローガンの素朴な表明にしかならない。丸野氏は前者の問いに対して、「心理学に対する各自の研究観の問い直し」「実践に対するメタ認知」を強調しているが、こうした意見が多くなることによって、心理学と教育実践の関係だけでなく、心理学の方法論自体議論されていくことになるであろう。具体的な生きた生身の人間を研究するためには、心理学が閉じられた実験室からフィールド（現場）へ出なくてはいけないといわれるようになってきた。しかし、そもそも「フィールドに出る」というのはどのようなことであろうか。フィールドへ行けばよいというものではなく、その意味が議論されなくてはならない。

後者の問いに関して私には不思議なことがある。それは、最近心理学でもフィールド・ワークやエスノグラフィーが盛んになってきたが、学校で行われる様々な活動、例えば、授業がどのような場であり、そこで何がなされているのかほとんどわかっていない。いやそれ以前に実はそのような教育実践に関わる研究がほとんどないという日本の心理学会の事実である。私はここしばらく細々とある授業を理解したいと考え、その実践（プラチック）を分析し、教育心理学会に報告しているのであるが、同時期授業を分析した研究報告は他には皆無に等しい年が続いているのである。実践への貢献を叫ぶ者が、教育のフィールドに立ち寄らず、ソーンダイクが連合心理学を応用し、ドリルの心理学的研究を行った（Resnick & Ford, 1981）ように、情報処理的アプローチに基づく認知心理学的研究を教科教育に「応用」することで、教育実践に「貢献」する心理学を語るのはあまりに横柄な態度である。

やまだ氏のつぶやきの中に、なぜ「教育心理学」ではなく、「心理学」なのかという問いがあった。このことは守屋氏の問いかけにも通じる問題だと思う。特に、守屋氏は佐藤学氏をのぞいて、他の者が「教育心理学」という用語を用いていないという点に象徴的に現れているように、「彼らは心理学を教育実践とはあくまでも別個の領域の活動であることを前提とし、自分をその心理学の側に置いているように思う」と述べる。そしてさらに「佐藤氏以外の三者が考える『心理学』は、あくまで人間一般に関する知をめざすものであって、教育という場に特定の問題を主題的に扱おうとしているのではなく、教育と直接には関係がない内容でもかまわないということのようなのだ。そしてその『心理学』の中身をどう受けとめどう実践に生かすかは、いわば実践者の側に『ゲタを預けた』格好になっている」とコメントしている。

私自身に関していえば、私が心理学の側に身を置いているという指摘に異論はない。私は我々が自分のよってたつ足下をしっかり見つめ直すべきではないのかという問いかけを心理学コミュニティに対して語り掛けた。それと同時に、心理学に「理論の実践化」を期待する現場の人々に対してはその期待の持ち方は問題であると指摘したかった。ただ、守屋氏のコメントの中にある「三者が考える『心理学』は、あくまで人間一般に関する知をめざすものであって、教育という場に特定の問題を主題的に扱おうとしているのではなく、教育と直接には関係がない内容でもかまわないということのようなのだ」という指摘に対しては異論がある。私にとって、教育の場は十分「主題的な場」である。どんなだからこそそこでの研究成果は、人間に対する事実を明らかにしてくれると考えるのである。どんな人間も社会歴史的な存在である限り、必ず、その精神は制度の影響を受けている。いわば「制度に媒介」された形で発達せざるをえない。その具体的な場として私は教育の現場を自分の研究領域として位置づけている。

この問いかけは、おそらく「教育心理学と心理学はどのような関係にあるのか」という問いにつながるものであろう。この点に関して佐藤公治氏は、「教育心理学の性格をめぐる議論における第二の反省の型」を城戸幡太郎にみる。彼によれば、その基本的な視座は、「教育心理学は教育という事象を扱っており、意識や行動の問題を解くための研究とは違った独自の課題と方法を有しており、単に一般心理学の応用で済むようなものではないと言う。そもそも、基礎研究と応用研究という形で分けること自体が問題なのであり、教育心理学は独自の対象と方法を持った基礎科学であり、同時に実践の学でもあるべきだ」という。ここでは、心理学の応用としての教育心理学という眼差しが批判されている。この認識には私も基本的に賛同する。

意見が分かれるところは、「教育心理学の独自性」の意味するところであろう。守屋氏はこの独自性を強調するのであろうが、この独自性が心理学からの乖離、その基本的な存在基盤の差異に支えられているのだとするのならば、私とは少し見解が異なる。城戸の言葉を使えば、私は「そもそも一般心理学とはなにか」「それは誰に関する心理学なのだ」と問いたいのである。一般心理学がしっかりと確立していると認識し、それとは異なる基盤を持った教育心理学をつくるべきだという主張がなされるのならば、それはまた具体的な生きた人間を扱わない心理学を正当化する議論になってしまうのではないか。教育という具体的な場でみられる振る舞い、実践（プラチック）を見極めていくことが、心理学そのものではないのか。

佐藤学氏が提唱するようなアクション・リサーチ型の現場との関わり方を強調する意義、守屋氏の現場を静観する心理学に対する憤り、それらは十分理解できる。しかし、私個人としては、まずその前に自己のよってたつ立場をしっかりと見つめ直したいと考えている。それなしには、すでに述べたように「貢献の押し売り」に陥る危険性が高いと危惧するからである。そこにとどまるかどうかは別の問題である。もちろん、現場に働きかけるような現場との関係のあり方に関心がないわけではない。ただそのためには実践の理論を練り上げていくことが大切である。だからこそ現場の人と協働（コラボレート）しながら、「実践を学ぶ」ことが求められているのだと思う。

文献

福井憲彦・山本哲士　一九八六　『ハビトス、プラチック、そして構造――アクト1』日本エディタースクール、三八―五二ページ。

石黒広昭　一九九六「準備委員会企画シンポジウム18　学校実践を捉える――実践的研究とは何か、企画趣旨」、『日本教育心理学会第三八回総会発表論文集』S四八ページ。

Mauss, M. 1968 *Sociologie et anthropologie*. Presses Universitaires de France. 有地亨・山口俊夫（訳）一九七六『社会学と人類学』弘文堂。

Resnick, L. B., & Ford, W. W. 1981 *The psychology of mathematics for instruction*. Lawrence Erlbaum Associates.

滝本往人　一九九二　「「実践」概念の再検証――「ファイエルバッハ・テーゼ」における「プラクシス」をめぐって」、山本哲士・柳和樹・滝本往人（編）『プラチック理論への招待』三交社、一〇三―一八七ページ。

コメントへの返答4

あらためて、心理学と教育実践の間に立つ

——佐伯　胖

かつて、大学の三年生だったころ、私は「工学部の学生」でありながら、教育学関連の授業やゼミ（大学院）に出ていた。その当時、私は「工学」が扱う世界（オートメーション工場や高度に自動化された機械によって制御された作業環境）の中に生きる人間の問題に関心があり、そこでの人間が機械の論理の下に疎外され、抑圧されていく可能性をどう「工学として」（機械を設計し、工場を管理する立場として）克服していけばよいのかわからなくなっていた。このような私の「悩み」をしっかりと受けとめてくれたのが、当時、慶應義塾大学文学部の村井実教授（教育哲学）であった。村井氏は、私がそういう「悩み」を安易に解消してしまうのではなく、それ自体をかかえたまま、工学（人間のための機械をつくりそれらを合理的に管理する学問）と教育学（人間の本来の学びや育ちを大切にする学問）の間を行き来しつづけることを勧めてくれた。さらに、私が工学部を卒業したあと大学院で教育学を専攻したいという希望を述べたとき、村井氏はきっぱりと拒否した。曰く、

君がこのまま大学院で教育学を研究すれば、ただたんに、よくある教育学者がもう一人生まれるだけだ。しかし、もしも君が工学を大学院までちゃんと勉強し、その間教育についても考えつづけ

てくれたならば、ほんとうにこれからの世の中に必要な研究者が生まれるだろう。

私が工学（管理工学）の修士課程を終わる頃（一九六〇年代の終わり頃）、「教育工学」という言葉が流行しはじめていた。そのとき、私は自分がずっと考えてきたことが「教育工学」と呼ばれるべき世界なのではないかと期待した。そのことを村井氏に話したとき、確か次のようなコメントをいただいた。

> 教育工学というのは、本来は、君が悩んできたように、『教育的であろうとすること』と『工学的であろうとすること』の間の矛盾や葛藤を正面から引き受け、その間でなんとか新しい活路を探しだそうとする学問であるはずだ。もしもそういう学問になるなら、まさに君のやろうとしていることは『教育工学』ということになる。ただ、今世の中で言われはじめている『教育工学』が、はたしてそういうものになるかどうか……。

あれから三〇年経った。今世の中で言われている「教育工学」は、はたしてそういうものになっているかどうか……。残念ながら、今日の教育工学における主流は、「工学的手段を利用した教育」の研究であったり、教育を「工学的に」分析・評価・設計する研究になってしまっている。いわば、「工学」の教育への「輸出」であり、教育の「工学化」という色彩がきわめて強い。

私が思い描いていた「本来の教育工学」というのは、教育的であろうとすることと、工学的であろうとすることの矛盾や葛藤を正面から引き受けて、その葛藤を少しでも軽減するために、教育を、必要に応じて「工学的な視点」から見直してみると同時に、工学それ自体をも、「教育的まなざし」で見直し、教育と工学の双方に、これまでと異なる新しい知見、新しい考え方を作り上げ、まさに人間にとってもっとものぞましい教育と工学の相互の関係を生み出していく研究なのである。

私自身としては、今からでも遅くないと信じている。これからでも、「そういうもの（本来の教育工学）」になる可能性はまだあるし、なるべきだと信じているし、そのために、この私でも、まだまだやることがあると思っている。

さて、コメントで、守屋氏ややまだ氏は、佐藤学論文以外には「教育心理学」なることばが使われていないことへの疑問を述べておられる。これに対する私なりの応えをさせていただく。

もしも、「教育心理学」が、人間を教育的に見たり、教育的にかかわろうとすることと、人間を心理学的に見たり、心理学的にかかわろうとすることの矛盾や葛藤を正面から受けとめ、その間でなんとか新しい活路を探しだそうとする学問であるとしたならば、私たちが本書で模索した「学」は、まさしく、「教育心理学」である。そこでは、教育が、心理学的知見によって、新たに「見えなかったことが見えるようになる」だけでなく、心理学が、教育の視点、特に教育実践の視点から、新たに「見えなかったことが見えるようになる」、そういう「知」を生み出そうとする研究であるべきだ。

しかし、あえて問う。はたして今日の世の中で言われている「教育心理学」は、そういうものになっているかどうか。

再び自分自身の回顧録めいた話になってしまうが、私が東大の教育学部に赴任して来たとき、私自身は実は米国で心理学の博士号を取得したということもあり、自らを「心理学者」と規定していた。アイデンティティはまさに心理学にあったと言える。それが、何かのマチガイ（？）で、教育の世界で仕事をすることになった、という感じであった。そこで、私はひそかにこう決意した。「私が停年で退官するときは、『教育の心理学』という本を書きたい。教育の世界に、ちゃんとした、ホンモノの心理学を活かし、教育に関連するホンモノの心理学を打ち立てるために」。

先の教育工学への志と違い、教育心理学については、まさに、私は教育の「心理学化」を徹底させるという理想に燃えていたと言えよう。私がここで志していた「ホンモノの心理学」というのは、きちんとした実験心理学の伝統に則って、人間についての検証可能なモデルと仮説を一歩一歩検証して、「確実に言えること」を積み上げていく実証科学としての心理学であった。もちろん、統計学やその他の数学を、その根源的前提の吟味を含めて、「正しく」活用しなければならない、ということでもある。こういう、実験と数理的解析を厳密に実行していくのが、ホンモノの心理学であり、この私は米国でそのためのトレーニングを十分に受けてきたのだ、という自負心もあった。自分の中に形成されたこのようなキッスイの心理学者魂を、教育の世界で開花させるのが、私の使命であり、夢であること。

しかし、幸いにして（本当に、幸いにして）、東大に移ってから、私はいろいろな「教育実践」を見たり、関わったりする機会を多く持ち、また、特に稲垣忠彦教授の誘いで、「教育実践」について論じる著書の編集に参加させていただくうちに、私の考えはすっかり変わってしまった。今や、私は自分自身をキッスイの心理学者であるとはまったく考えていない（誰もそうとは思ってもくれないだろう）。

さて、私は「自分のむかし話」をしたが、私の見るかぎり、まだ多くの「教育心理学者」は、意識的にせよ、無意識のうちにせよ、自らのアイデンティティを「心理学」に置いているのではないだろうか。さらに、まことにまことに残念なことだが、教育心理学（発達心理学も含み、さらには一部の「臨床心理学」でさえも）に関する「学術論文」なるものの審査基準は、やはり「コレは心理学の論文と言えるか」ということになっている。つまり、データはきちんとした実験ないし調査の手法に則って得られたものか、とか、仮説はきちんと検証可能なものとして提起されているか、とか、その仮説は確かに検証されているか、というような、まさに「実証科学」たる資格要件を満たしているかが問われるのである。この「大きな壁」を打破しない限り、「教育心理学」の修士論文、博士論文は、みせかけの「心理学的論文」ばかりが再生産されつづけ、したがって学会誌も変わることもなく、「実践的研究」などは「論文」とみなされないという慣行はいつまでもつづく。これをなんとかしたい、というのが筆者たちの切なる願いである。

つまり私たちが問題にしているのは、「心理学的なるもの」である。それこそが変わらなければならない、というのが共通の訴えである。それはちょうど、私が教育工学について、「工学」自体が教育的に変わらなければならないと信じ、そのための著書を書きつづけている（拙著『コンピュータと教育』『新・コンピュータと教育』ともに岩波新書）ことと同じ志である。

守屋氏は、私や宮崎氏や石黒氏が、「心理学」と「教育実践」のどちらの側からアプローチしているかわからない（むしろ、既存の「心理学」の枠組みを守ろうとしているように読める）と述べておられるが、これは明らかに誤解である。少なくとも私は（おそらく、宮崎氏も石黒氏、そして佐藤学氏も）、変わるべきものとして指定しているターゲットは、「心理学的なるもの」（教育心理学であろうと、なんであろうと）である。それが「変わる」ことでしか、実践との「よい関係」は築けない、というのが私たち共通の判断だと言ってよいだろう。したがって、私たちは誰も、「既存の『心理学』の枠組みを守ろうとして」はいない。

それでは、「どちらの側から」それを述べているのか、問われるならば、ここではっきり申し上げる。それは題名にあるように、まさしく、「心理学と教育実践の間で」である。

本書の各章で書かれた論文は、もしもすべてが英文で書かれ、米国で発表されるとしたならば、例えば米国心理学会誌 *American Psychologist* に掲載されてもまったく不思議ではない。つまり、アメリカやヨーロッパの心理学では、これまでの心理学を痛烈に批判する議論自体、堂々と「心理学の論文」として認められている。また、本書のどの論文も、米国教育学会（American Educational Research Association：AERA）の会誌 *Educational Reseacher* に掲載されたとしても、これもまったく不思議でない。*Educational Reseacher* 誌には、これまでも何度も「心理学」に関する論文が掲載されているし、教育研究と心理学の関係は何度も取りあげられている格好のテーマである。ここでも、従来の教育研究を批判する議論は大歓迎である。

ここで大切なことは、まったく「同じ内容」の論文が、心理学会でも教育学会でも、どちらでも通用するということである。それはまさに、「間にある」ということが、どちらの分野からも大切にされているということでもある。そこにはいわゆる「縄張り争い」というものは存在しない。

さて、わが国の学会ではどうだろうか。日本教育学会にしろ、日本心理学会にしろ、あるいは日本教育心理学会にしろ、自らの専門領域の研究の伝統的な枠組みや方法論を根底から考え直すべきだというような、「自己批判」論文が、学会論文として掲載される可能性がどれだけあるか。まして、専門外の人がその領域での伝統的枠組みを批判するような論文を、どれだけ学会がその学会の「論文」として受け入れるか。

このような、他領域からの批判や、その領域の伝統的な枠組みや方法論を根底から批判するような論文が学会誌に掲載されても不思議でないというような学会が、そもそもわが国にはあるのかと問われるならば、ためらうことなく答えよう。少なくとも、日本認知科学会はそうである、と。日本認知科学会誌『認知科学』では、創刊号以来、内容が認知科学と関連していると判断されるかぎり、他の学会に出しても不思議でない論文でも、あえて「認知科学論文」と見なされてきたし、あるいは、どの学会でも掲載されないような「間で」論じている論文はさらに歓迎されてきた。また、これまでの認知科学のパラダイムを徹底的に批判するような内容であっても、学術論文としての精密な論の展開と研究論文としての「品位」が保たれているかぎり、掲載にはなんら抵抗はないであろう。もちろんこれは、認知科学という領域自体が、様々な専門家の「雑居」で構成されているからだと言えなくもない。しかし、私としては、「すべて」の学問は、本質的に様々な立場の研究者の「雑居」なのだ、したがって、批判も、他領域にまたがる議論も、本来、その領域内で堂々と取りあげられるべきだと考えている。まさに、「間で」というスタンス自体が、「どっちつかず」の意味でなく、「そこ」にしっかりと立っているというアイデンティティとして、わが国の研究者のいずれのコミュニティでも、きちんと「認知」されるべきであると主張したい。

新装版あとがき 「〇〇とはなんだろうか?」という問いをもつこと

『心理学と教育実践の間で』新装版の刊行に寄せて

佐伯 胖

『心理学と教育実践の間で』の新装版を出すにあたって、一五年を経た現時点からふりかえっての「あとがき」のようなものを付ける、という話になり、編集部からは筆頭著者の佐伯が書くべきだろうという話になった。小生としては、執筆した人たちにひとことずつでも書いてもらって、それをまとめるというのはどうかと提案し、編集部にそのように計ってもらったのだが、残念ながら、返答はほとんどなく、みなさん、「佐伯にすべてまかせろ」というようなご様子。もうこうなったら、「佐伯の好きなように書くしかない」とハラを決めた次第。したがって、以下に述べることはすべて、佐伯個人の、まさに「個人的雑感」である。

＊

本書の各章は、コメントの最初にやまだようこが述べているように「著者たちの熱い息吹が伝わってくる」力作ぞろいである。しかし、正直に言って、各執筆者の立ち位置(スタンス)も、論の立て方・進め方も完全にバラバラであり、相互の関連も統一性も皆無といってよい(もしも、本書を手にとってここを読んだ読者は、この時点で本を閉じ、「やめた」と言って書棚にもどすか、これまでの「ツン読本」の上に載せて終わり、となるかもしれないが、「チョット待って！」と言いたい)。本書の各章は、バラバラだが、それぞれ、たしかに「心理学と教育実践の間」について「熱い思い」で真剣に語っているのであり、それぞれ、傾聴に値する論を展開している。語り起こす立場が違い、論の組み立て方が違い、提言しようとする内容もバラバラなのだが、まさに、そういう状況そのものが、「心理学と教育実践の間」のその当時の現実なのだった。誠に残念なことに、そのような「論がまとまらない」のは現時点でも同じだと言わねばならない。旧版の刊行後一五年を経ても、心理学と教育実践の間が縮まったかとか、両者を統一するなんらかの新しい観点がその後出現したかと問われれば、正直に言って、「ＮＯ」と答えるしかない。

にもかかわらず、佐伯はここで、新しい提言をする。

心理学と教育実践の間を埋めるものは何か。それは、「〇〇とはなんだろうか?」という問いをもつことだ、と。

この答えは、「心理学」と教育実践の間を埋めようということではなく、さまざまな諸学——心理学、生理学、人類学、生物学、社会学、脳科学、医学、工学、アート、などなど、そして当然、教育学も——と、教育実践の間を埋めるものとしてであり、私は、それぞれが学問的ディシプリンを一旦横において、「〇〇とはなんだろうか?」という問いに立ち返ることを提言したい。

「〇〇とはなんだろうか?」という問いは、その〇〇に何を置いても、問うていくと、ありとあらゆることについてさまざまな「○○とはなんだろうか?」という問いに広がっていく。小生の経験からいえば、それらは結局すべて「人間とはなんだろうか」に帰着してしまうのである。

教育実践の立場から言えば、「○○とはなんだろうか?」などという問いは、実践現場ではほとんど問うたことのない問いであろう。そんなことに頭を悩ましていたのでは、今この現場でどうすればよいかがますますわからなくなる。そんな悠長な問いに係わってなんかいられない、と言いたいだろう。しかし、私はあえて言いたい。そのように毎日毎日実践に従事しているあなたも、実は、ご自分で意識していなくても、何らかの「○○とはなんだろうか?」への自分なりの「答え」をもっていて、それを疑うことなく当然のこととして日々実践しているのだが、ひとたび、その「○○とはなんだろうか?」への答えが、自分自身これまで考えたこともないことが本当の「答え」だと気づいたとたん、これまでの実践ががらりと変わることになる、ということがあり得るのだ。

たとえば、一九九〇年代に、ある人たちが、「学ぶとはどういうことか?」について、それまで誰も考えてもいなかった新しい「答え」を出した。いわく、「学ぶとは、人が実践の共同体に参加することによって、自らのアイデンティティを確立すること」というのである(レイヴ&ウェンガー、一九九五)。日々の実践で、「あの子にどうやれば、長方形の面積が底辺×高さで計算できることを学ばせられるか」と苦心しているときに、そんな突拍子もない「学ぶとは……」なんて言われても、なんの関係があるのか、と言いたいに違いない。しかし、あえて申し上げるが、この新しい学習観は、日々の教育実践の隅々まで、まったく新しい観点から見直すことになるもので、まさに、日々の実践にめちゃくちゃ関係している話なのだ。

別の例をあげよう。

私は数年前、「模倣」の心理学的研究に関心をもっていろいろ調べていた。メルツォフは次のような実験をしている。一四ヶ月の赤ちゃんに、平らな箱の上蓋に黄色い円盤のパネルがついている装置（以下「マジックボックス」と呼ぶ）を見せたあと、実験者は腰をまげて、その黄色い円盤をおでこ（額）で押すと黄色い円盤が点灯したのである。赤ちゃんはそれを一度見ただけで、一週間後、そのマジックボックスを手渡されると、ただちに（しかもうれしそうに）おでこで円盤を押して点灯させたのである（Meltzoff, 1988）。

さてその後、ジャージリらは、二つの条件でこの実験を行った。第一の条件は、実験者は肩掛けを両手で押さえながら（つまり、両手がふさがっていて使えない状況で）おでこで点灯させたのに対し、第二の条件では両手ともテーブルに着けて（いつでも手が使える状況で）おでこで点灯させたのである。すると、第一の条件で観察した生後一四ヶ月の赤ちゃんは、マジックボックスを渡されると、なんのためらいもなく、手でチョンと円盤を押して点灯させたのである。もちろん、第二の条件のもとでは、メルツォフの実験と同じで、赤ちゃんはおでこで点灯させたのである。つまり、こういうことなのだ。赤ちゃんは第一の条件で実験者が「おでこで点灯させた」のは、「両手がふさがっていたので、やむを得ずおでこを使った」と判断し、自分の番になると、両手があいているので、単純に手で点灯させたのだというわけである。第二の条件のもとでは、赤ちゃんは、「この箱は、おでこで点灯させることになっている」と判断し、自分の番になると、「そうすることになっている」という、子どもなりに「大人にあわせた」行為をやってみせたのである（Gergely, Bekkering, & Kiraly, 2002）。

キラリーらは、この「おでこで点灯」場面を、一四ヶ月の赤ちゃんが「偶然目にする」（たまたま通りすがりで見かける）場合と、実験者が赤ちゃんに「見てね」、「やるよ」、「ほらね」としっかり「やってみせる」場合と比較したところ、偶然見かけた場合には、マジックボックスを与えられたらとまどうことなく手で円盤を押して点灯させたが、「やってみせた」場合には、見せられたとおり、「おでこで点灯」させたという（Kiraly, Csibra, & Gergely, 2004）。

以上の実験は何を意味しているのだろうか。

それは、一四ヶ月の赤ちゃんでも、大人が「よく見てね」という素振りで示されると、「この人は自分になにかを教えようとしている」とみなし、「その通りに従うべきもの」として受け止め、「そもそもその箱はどういう仕掛けの装置なのか」を自分で考えることを停止させている、ということである。

こういう、赤ちゃんは「教えてもらう」と気構えたとたん、「自分で考えてみる」ということを停止させる（「考えない」スイッチを入れる）ことについては、もっと決定的な実験があり、ここでは触れないが（Whiten, Horner, & Marshall-Pescini, 2005／これらについては、佐伯（二〇一二）にくわしく解説してある）。これらの心理学的実験結果は、私たちに、そもそも「教えるとはどういうことか？」について、根底からの再考を迫るものではないだろうか。

先生が子どもたちの前で、「いいですか、よく見てね」とか「よく聞いてね」というとき、暗黙のうちに、子どもたちに、「自分で勝手に考えてはダメですよ」、「先生が示す通りに従いなさいね」と伝えているのだ。「いや、自分はそんなつもりで授業をしているわけでない。子どもたちにはできるかぎり、自由に考えさせているつもりだ」と言っても、子どもたちは、そうは受け取っていないということを明確に示しているのだ。

このように、心理学実験結果を、たんに「どういう実験をしたらどういう結果が得られた」という事実だけを見るのではなく、そもそも、それって「○○とはなんだろうか?」について、これまでにない新しい「答え」を示しているのではないかとして読み取り、そこから教育実践のあり方について、根底から考え直してみる、ということが、「○○学と教育実践の間」を埋めることになる、というのが私の提言である。

私自身は、米国で心理学研究を終えて帰って以来、「学ぶとはどういうことか」「発達とはどういうことか」「知るとはどういうことか」「考えるとはどういうことか」「わかるとはどういうことか」、そして「教えるとはどういうことか」など、ひたすら「○○とはなんだろうか?」を考え続けてきている。そして、ときに、「このことは是非とも教育現場の実践者にもわかってほしい」という思いに駆られることがある。あるいは逆に、具体的な実践場面を目にしたとき、「これって、そもそも、「○○とはなんだろうか?」について、これまで考えられていなかった新しい答えが示唆されているのではないか」と思い至り、あらためて、諸学のこれまでの理論や実験結果を見直してみる、ということもある。

そうやって、私は私なりに「○○学と教育実践の間で」を楽しんできたし、今後も楽しみながら探求するつもりでいる。

さて、ここまで来て、あらためて本書の各章を読んでみると、それぞれの著者は各章で論を展開しながら、背後で、その著者なりの「○○とはなんだろうか?」という根源的な問いをもち、それに対するこれまでにない答えを模索しているということが読み取れるのではないだろうか。著者たちのそういう根源的な問いが読み取れてくると、やまだようこがコメントの冒頭にあげているように、「著者たちの熱い息吹が伝わってくる」のではないかと思われる。各章の著者の「○○とはなんだろうか?」の「○○」が何であるかを探ってみるという読み方も、本書を楽しむ読み方の一つだということで、佐伯の雑文を終えることにする。

文献

Gergely, G., Bekkerring, H., & Kiraly, I.　2002　Rational imitation in preverbal infants. *Nature*, **415**, 755.

Kiraly, I. G., Csibra,G., & Gergely, G.　2004　The role of communicative referential cues in observational learning during the second year. Poster presented at the 14th Biennial International Conference on Infant Studies, Chicago.

Meltzoff, A. N. 1988 Infant imitation after a 10week delay: Long-term memory for novel acts and multiple stimuli. *Developmental Psychology*, **24**, 470–476.

Whiten, A., Horner, V., & Marshall-Pescini, S. 2005 Selective imitation in child and chimpanzee: A window on the construal of others' actions. In S. Hurley, & N. Chater (Eds.) *Perspectives on imitation: From neuroscience to social science, Vol. 1, Mechanism of imitation and imitation in animals*. Cambridge, MA: Cambridge University Press, pp. 268–283.

佐伯　胖　二〇一二「まなびほぐし（アンラーン）」のすすめ。苅宿俊文・佐伯胖・高木光太郎（編）『ワークショップと学び1――まなびを学ぶ』東京大学出版会、二七―六八頁。

レイヴ、ウェンガー（著）、佐伯胖（訳）　一九九五『状況に埋め込まれた学習――正統的周辺参加』産業図書。

人名索引

ア　行

アーガイル（M. Argyle）　127
アリストテレス（Aristotle）　111-113, 116
アレント（H. Arendt）　23, 24
安西祐一郎　111
アンダーソン（J. R. Anderson）　178
アンダーソン（R. C. Anderson）　2
石黒広昭　118, 122, 132, 137
市川伸一　2
市村弘正　244
稲垣忠彦　12, 61
ヴィゴツキー（L. S. Vygotsky）　119, 186
ウィッカー（A. Wicker）　127, 128
ウィノグラード（T. Winograd）　176, 177, 180, 181
ウィルソン（S. M. Wilson）　98
ウォング（E. D. Wong）　95, 98
ヴント（W. Wundt）　17
エドワード（D. Edwards）　61
オールポート（G. W. Allport）　103, 115, 116
落合幸子　58

カ　行

ガーゲン（K. J. Gergen）　206
ガードナー（H. Gardner）　110
カーミロフ＝スミス（A. Karmiroff-Smith）　187-191, 195
笠原洋勇　125
梶田叡一　234, 235
勝田守一　88, 89
カプラン（N. Caplan）　114, 115
川島　環　64, 227
神田橋條治　82, 83, 223, 224, 227, 258
ギック（M. L. Gick）　174
キツセ（J. I. Kitsuse）　124
城戸幡太郎　238, 253, 265, 266
ギブソン（J. J. Gibson）　188
キリアン（M. R. Quillian）　177
グッドウィン（C. Goodwin）　139
クラーク（C. M. Clark）　60, 69, 80-82
グリーノ（J. M. Greeno）　58
グレイザー（B. G. Glaser）　210
ケアンズ（R. B. Cairns）　122
ケーラー（W. Köhler）　161, 166
ゲントナー（D. Gentner）　174, 184
ケンドラー（T. S. Kendler）　182, 183
コール（M. Cole）　120, 183, 184

サ　行

斎藤喜博　62, 63, 71, 226, 227
佐伯　胖　110, 161, 168, 188
作田啓一　235
佐々木正人　188
佐藤　学　31, 103, 104, 147
佐藤通雅　245
サッチマン（L. A. Suchman）　126, 137, 195
ジーマン（D. Zeaman）　167
ジェームズ（W. James）　17
ジャッド（C. H. Judd）　18, 166
シュロスマン（S. Schlossman）　122
シュワブ（J. Schwab）　19
ショーマン（L. Shulman）　30, 31
ショーン（D. Schön）　28, 29

スクリブナー（S. Scribner） 120
スクワイア（L. R. Squire） 179
鈴木宏昭 2
ストーン（C. A. Stone） 186
ソーベル（B. Sobel） 166
ソーンダイク（E. L. Thorndike） 14, 160, 192

タ 行

ダーウィン（C. Darwin） 128
滝本往人 261
竹内成明 244
ダックワース（E. Duckworth） 20, 21
タルヴィング（E. Tulving） 180, 181
丹治 順 179
チャイクリン（S. Chaiklin） 104
築地久子 58
津守 真 142
テーラー（C. Taylor） 241
テーラー（F. W. Taylor） 14, 15
デューイ（J. Dewey） 16, 18, 253
トラバッソ（T. Trabasso） 167
鳥山敏子 74-76, 86, 88-90, 99
ドレイファス（H. Dreyfus） 61, 259

ナ 行

ナイサー（U. Neisser） 3, 172
長島貞夫 125
中村雄二郎 127, 209
那須正裕 80, 221
西岡陽子 73, 227
ニッセン（M. J. Nissen） 179
ネルソン（S. D. Nelson） 114, 115
ノーマン（D. A. Norman） 118, 177

ハ 行

バー（V. Burr） 112
バーカー（R. Barker） 127-130
ハーロー（H. F. Harlow） 167
波多野誼余夫 2, 239
ハッチンス（E. Hutchins） 58, 119, 126
バデレイ（A. D. Baddeley） 180
バフチン（M. M. Бажтин） 243
林 竹二 245
ハンソン（N. R. Hanson） 104
ピアジェ（J. Piajet） 20, 21, 171, 175
肥田野 直 237
ヒューソン（S. N. P. Hewson） 184, 185
ヒルガード（E. R. Hilgard） 159
ファーガソン（E. S. Ferguson） 257
福井憲彦 262
ブラウン（J. S. Brown） 121, 145
ブルーナー（J. S. Bruner） 118, 119, 162-166, 168-172
ブルデュー（P. Bourdieu） 261, 262
ブルンスウィック（E. Brunswik） 128
フレイレ（P. Freire） 104, 144-149
ヘイズ（J. R. Hayes） 174
ベイトソン（G. Bateson） 119
ペスタロッチ（J. H. Pestalozzi） 13
ベナー（P. Benner） 60, 61, 259
ペニングトン（N. Pennington） 179
ヘルバルト（J. F. Herbart） 12, 13, 17
ポランニー（M. Polanyi） 98
ボルトン（G. Bolton） 75
ホワイト（M. White） 117, 134

マ 行

マーフィー（R. F. Murphy） 210
マクダーモット（R. P. McDermott） 123
マセソン（E. Matheson） 166
ミーアン（L. Mehan） 58
三浦つとむ 244

宮崎清孝　75, 86
宮澤康人　242
モース（M. Mauss）　16, 261
モース（R. H. Moos）　128
森　省二　125
守屋　淳　221, 226

ヤ　行

やまだようこ　3, 208
吉田章宏　58
吉田民人　233
依田　新　237

ラ　行

ライプニッツ（G. W. Leibniz）　116
ライル（G. Ryle）　177
ラトゥール（B. Latour）　195, 196
ランガー（E. Langer）　10, 11
ランパート（M. Lampert）　60, 64, 69, 70, 80, 81, 85, 133
リード（S. K. Reed）　174
リーヒー（T. H. Leahey）　111
ルーチンス（A. S. Luchins）　169
レイヴ（J. Lave）　3, 104, 109, 126, 127, 136, 174, 175, 191, 194
レイコフ（G. Lakoff）　178
レイン（R. D. Laing）　127, 133, 242
レヴィン（K. Levin）　46, 47, 52, 111-113, 127
レオンチェフ（A. N. Leont'ev）　119
レズニック（L. B. Resnick）　107, 110, 264
ロゴフ（B. Rogoff）　104
ロック（J. Locke）　116
ロメットヴァイト（R. Rommetveit）　186

ワ　行

ワーチ（J. V. W. Wertsch）　120, 144
ワトソン（J. B. Watson）　14

事項索引

ア 行

アーティファクト 129
愛育養護学校 142, 143, 148
アイデンティティ 126, 127, 130, 131, 133
アクション・リサーチ 46-53, 221, 249, 255, 266
厚い記述 41-45, 210
アフォーダンス 188-191
一・二人称性 214, 254
一人称アプローチ 234
一人称性 208, 254
一般化された学習 108
意味記憶 180
意味的知識 180
意味の（没）交渉性 126
影響相対化質問法 135
越境性 40, 221
エピソード記憶 180, 181
エピソード的知識 180, 181

カ 行

概念 172
科学的技術の合理的適用 17, 22, 23, 232
科学的心理学 105
科学の知 59, 63, 69, 73, 77, 78, 81, 82, 84-86, 208, 209, 212, 214, 218, 219, 257-259
——の一人称性 98
——の一面性 64, 87, 98
——の三人称性 64, 98
学習の構え 166
学習の仕方の学習 167, 170
学智（エピステーメ） 24
学校的学習（観） 107, 119
学校文化 120
活動科学（action science） 28, 47, 52
活動の枠組み 29, 31-33, 36, 37
過程=産出研究 30
カリキュラス（計算体系）視点 233
慣習行動としての実践 →プラチック
帰国子女問題 124
技術知（テクネ） 26, 29
技術的合理主義 39, 41, 48
技術的合理性 22, 24
技術的実践 17, 23
技術的な道具 119
教育科学運動 18
教育科学研究会 88
教育実践への適用 206 →理論の実践化
教育実践への適用可能性 231
『教育の過程』 162
教育の現代化 162
教科の構造 162-165
教授学研究の会 62, 86
教授学的推論 30
計算主義 197
系統学習 165
ゲシュタルト心理学 161, 162, 170, 171, 175
研究・開発・普及モデル 18
〈原理—応用〉図式 77, 79, 81, 87, 88, 257
交差文化的研究 120
交渉される意味 121

構成要素の共有　160, 161
構造　162, 171
構造主義　21
行動主義　14, 15, 20, 39
行動場面　128, 129
国民教育　12-14
個人主義的人間観　240, 242
個人主義的能力観　240-243
個性記述学　40, 45, 251
個性記述的アプローチ　232
個性記述的方法　232
個体能力主義　5, 103, 105-107, 109, 113, 115, 118, 127, 131, 133-135, 145-147, 151, 209
言葉主義　145
コレスポンデンス・ルール視点　233
コンサルタントとしての科学　80

サ　行

最近接発達領域　186
再著述（re-authoring）　135
三人称アプローチ　234
シェーマ　175
思考のための食料（food of thought）　81
自然科学的方法論　220, 228
事態から比較的独立した個人　112, 113
実験室文化　174
叱責　137-139
実践知　4, 57-63, 68, 70, 71, 77-79, 81, 82, 84-87, 89-91, 98, 207, 208, 212, 214, 218, 219, 223, 224, 228, 256-259
　——の一人称性　64, 70, 73, 76, 90
　——の全体性　64, 65, 69, 96, 97
実践の典型化（theory through practice）　4, 22, 25-27, 88, 207, 225, 230, 257
実践の中の理論（theory in practice）　4, 28, 30, 31, 48, 49, 51, 104, 207, 230, 257
視点資源　86, 222
社会的構成主義　112
修辞学的枠組み　29, 31-33, 36
授業実践の典型化　231
状況依存性　214, 215
状況的アプローチ　126, 127, 130, 209
状況的行為　126, 139
状況的認知論　58, 60
状況的枠組み　32, 33, 37, 38
状況特殊性　60, 69
状況に埋め込まれた学習　126
状況に固有な能力　108
情報処理的アプローチ　111, 176, 264
情報処理的な認知心理学　110
人格　115, 116, 125-127, 130
人格検査　120
人工物（artifact）　109, 126
身体技法　16
シンボル操作　108
シンボルの表象系　175
心理学主義　250
心理学的原則　224
心理学的道具　119
水道方式　63
数教協　63
スクールカウンセラー　149, 150
ストッピング・ルール　23, 24
性格検査　120, 134
生活空間　46
政治的アトミズム　241
生態学的心理学　127
生態学的妥当性　232
theory in practice　→実践の中の理論
theory into practice　→理論の実践化
theory through practice　→実践の典型化

宣言的知識　176, 181, 187, 190-192
相互主観性　214, 215
走性　163, 164, 166
素朴理論　182

タ　行

対象に働きかける行為としての実践
　→プラクシス
対話的交流　243, 244
多段・多層・多重アプローチ　208
ダブルバインド状況　132
知識の正答主義　122
知識の文脈性　126
知識表現　175
注意学習　167
ティーチャー・プルーフ　18
ティーチング・マシン　161
テクネ　→技術知
手続き記憶　180
手続き的知識　176-180, 190, 193
転移　6, 109, 158-160, 170, 175, 186, 191, 193, 194, 196
　第一の――　164, 165, 167
　第二の――　164, 169
　特殊的――　163, 165, 167
　非特殊的――　163, 169
　負の――　168
道具的合理性　22
道具に媒介された活動　119
ドミナントストーリー　134, 135, 143

ナ　行

内面化している理論　207　→実践の中の理論
ナラティブ（物語）的言語　45
難題（aporia）　44, 221
認知革命　110
認知的エスノグラフィー　58

ハ　行

パーソナリティー　115, 116
媒介された活動　118
発見学習　171
ハビトス概念　262
パラダイム（命題）的言語　45
反省的思考　24
表記（inscription）　195, 197, 209
表象　189, 194, 195, 197, 209
表象形成　191
表象修正　191
表象主義　193, 196, 197
表象する知　209
フィールド・ワーク　39-44, 46, 47, 221
プラクシス　262
プラチック　262
プログラム学習　161
プロダクション・システム　176
プロネーシス（叡智）　30
プロレプシス（prolepsis）　186
文化的実践への参加　174
文芸教育研究協議会　63
文脈的推論　108
ヘルバルト主義　11, 12, 15, 17, 34
法則定立学　40, 45, 251
法則定立的なアプローチ　231, 232
本質主義　110, 112

マ　行

待たない教育　142, 149, 150
民間教育運動　62, 88
命題的認識　251
メタ認知　217
メタ認知訓練　170
メタ文化的な枠組み　37
メンタルモデル　182
物語　133-135, 137

——の再構成　209
物語的認識　251
物語的モード　5
物語法　134, 135, 143
問題　43, 44, 115, 123-125, 137, 140, 143, 149, 150
——が染み込んだ描写　134
——の外在化　133, 134
問題行動　114, 115, 117, 122, 124, 132
問題児　133

ヤ　行

遊離した自己　241
要素共有説　192

ラ　行

螺旋型のカリキュラム　162
リソース　136, 139, 141, 222
リソース分析　136, 140, 142, 148
了解可能性　234
理論　171, 178, 181, 182, 189-191, 193, 207
理論=観照（テオリア）　24, 25, 29
理論作り　191
理論的言語　19
理論の構築　207
理論の実践化（theory into practice）　4, 25-27, 103-106, 113, 147, 206, 222, 230, 231, 257, 265
連合心理学　12

ワ　行

枠組み（frame）　29, 231
——の再構成（reframing）　33
——の反省　32
〈私—あなた〉の関係　94, 95
〈私—あなた〉のモード　71, 99

著者紹介（執筆順）

佐《さ》伯《えき》　胖《ゆたか》
1939 年生れ　東京大学・青山学院大学名誉教授，信濃教育会教育研究所所長　専門：認知心理学　主要著書：『認知科学の方法』『ワークショップと学び』（共編著，全 3 巻）（東京大学出版会）『「学ぶ」ということの意味』（以上，岩波書店）

佐《さ》藤《とう》　学《まなぶ》
1951 年生れ　学習院大学文学部教授，東京大学名誉教授　専門：学校教育学　主要著書：『カリキュラムの批評――公共性の再構築へ』（世織書房）『教育方法学』（岩波書店）『学校改革の哲学』（東京大学出版会）

宮《みや》崎《ざき》清《きよ》孝《たか》
1950 年生れ　早稲田大学人間科学学術院教授　専門：認知心理学　主要著書：『視点』『現象学的心理学（訳）』（以上，東京大学出版会）『心理学の世界（共著）』（有斐閣）

石《いし》黒《ぐろ》広《ひろ》昭《あき》
1958 年生れ　立教大学文学部教授　専門：発達と学習の心理学，言語心理学　主要著書：『アクティブ・マインド（共著）』（東京大学出版会）『AI と社会（共著）』（同文館）『実践のエスノグラフィー（共著）』（金子書房）

コメンター紹介（執筆順）

やまだ《山田》　ようこ《洋子》
立命館大学文学部教授，京都大学名誉教授　専門：発達心理学，言語心理学，文化心理学

丸《まる》野《の》俊《しゅん》一《いち》
九州大学理事・副学長　専門：認知心理学，発達心理学

守《もり》屋《や》　淳《じゅん》
北海道大学大学院教育学研究科教授　専門：教育関係学

浅《あさ》田《だ》　匡《ただし》
早稲田大学人間科学学術院教授　専門：教育工学，教育心理学

佐《さ》藤《とう》公《きみ》治《はる》
北海道大学名誉教授　専門：発達心理学，教育心理学

新装版　心理学と教育実践の間で　UP コレクション

1998 年 9 月 14 日　初　版　第 1 刷
2013 年 9 月 13 日　新装版　第 1 刷

［検印廃止］

著　者　佐伯　胖・宮崎清孝
　　　　佐藤　学・石黒広昭

発行所　財団法人　東京大学出版会

代 表 者　渡辺　浩

113-8654 東京都文京区本郷 7-3-1 東大構内
電話 03-3811-8814・振替 00160-6-59964

印刷所　大日本法令印刷株式会社
製本所　誠製本株式会社

ISBN 978-4-13-006509-2　Printed in Japan

「UPコレクション」刊行にあたって

学問の最先端における変化のスピードは、現代においてさらに増すばかりです。日進月歩（あるいはそれ以上）のイメージが強い物理学や化学などの自然科学だけでなく、社会科学、人文科学に至るまで、次々と新たな知見が生み出され、数か月後にはそれまでとは違う地平が広がっていることもめずらしくありません。

その一方で、学問には変わらないものも確実に存在します。それは過去の人間が積み重ねてきた膨大な地層ともいうべきもの、「古典」という姿で私たちの前に現れる成果です。

日々、めまぐるしく情報が流通するなかで、なぜ人びとは古典を大切にするのか。それは、この変わらないものが、新たに変わるためのヒントをつねに提供し、まだ見ぬ世界へ私たちを誘ってくれるからではないでしょうか。このダイナミズムは、学問の場でもっとも顕著にみられるものだと思います。

このたび東京大学出版会は、「UPコレクション」と題し、学問の場から、新たなものの見方・考え方を呼び起こしてくれる、古典としての評価の高い著作を新装復刊いたします。

「UPコレクション」の一冊一冊が、読者の皆さまにとって、学問への導きの書となり、また、これまで当然のこととしていた世界への認識を揺さぶるものになるでしょう。そうした刺激的な書物を生み出しつづけること、それが大学出版の役割だと考えています。

一般財団法人　東京大学出版会